工藤健策
Kudo Kensaku

戦国合戦 通説を覆す

草思社

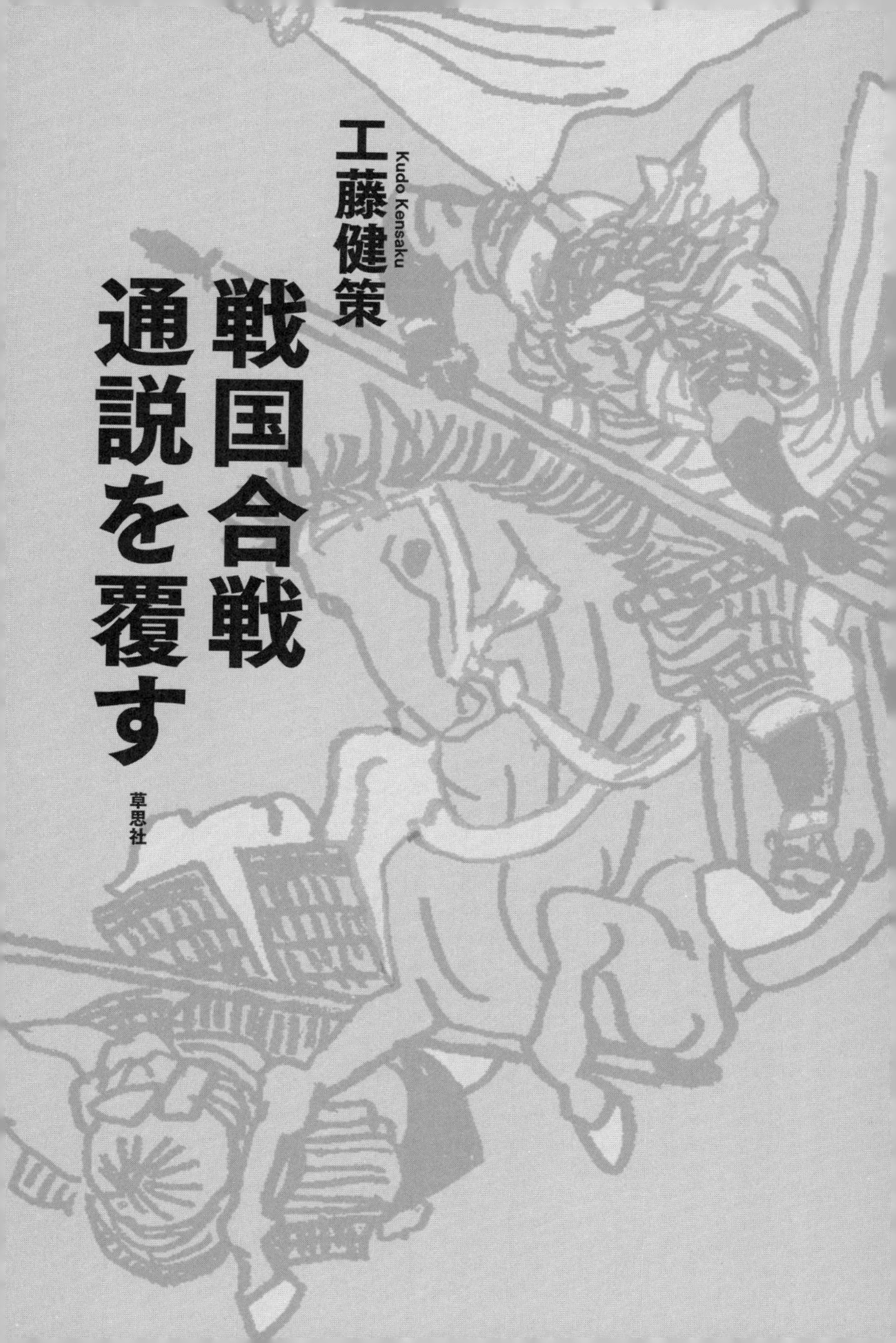

はじめに

歴史が武将とその戦いを中心に語られる時代がある。

戦国時代の後半から安土桃山時代にかけてで、上杉謙信と武田信玄が戦った「川中島の戦い」（第四次川中島合戦、一五六一年）から、両軍あわせて二十万人以上が戦った「大坂冬、夏の陣」（一六一四、一五年）までの五十年ほどの間だ。

この期間、歴史の主役は上杉謙信、武田信玄、織田信長、豊臣秀吉、徳川家康といった武将たちで、それに毛利一族、豊臣秀頼、真田幸村、柴田勝家、石田三成、北条氏らがからんで進んでいった。

（戦国時代の期間については諸説があり、始まりは応仁の乱〈一四六七年〉から明応の変〈一四九三年〉まで、終わりは織田信長の入京〈一五六八年〉から関ヶ原の戦い〈一六〇〇年〉や大坂の陣までとする説もある）。

〝続戦国時代〟あるいは〝戦国末期〟ともいえるこの時代に活躍した武将たちの名をいまに高めたのは、彼らの波乱の生涯とその戦いぶりを描いた小説、物語が読者に受け入れられたからと思われる。

武将たちは専門の研究者が著わした歴史書に名を記《しる》すだけでなく、時代小説や戦史物語の主人公として大活躍したのだ。

例えば、現代に徳川家康の名を高めたのは、山岡荘八さんが昭和二十五年から十八年間にわたり、北海道新聞などに連載した小説『徳川家康』がキッカケで、のちに刊行された単行本は二十六巻にもなり、総発行部数は三千万部にもなったという。

『徳川家康』に描かれた帝王学が経済復興を目指して奮闘する企業経営者の指針になったのだろうか、当時の社長室の書架には必ず『徳川家康』が揃っているといわれた。社長が愛読すれば、影響された部長や課長が読み、それが社員、学生にまで伝播して大ヒットになったと思われる。

織田信長は津本陽さんの『下天は夢か』で新たな人気を得た。

『下天は夢か』は日本経済新聞に昭和六十一年十二月から平成元年七月まで連載され、連載後は単行本と文庫本化されてベストセラーになった。

新聞連載が日本経済のバブル期と重なったこともあり、信長の生き方が当時のビジネスマンに受け入れられたのだろう。彼らが酒を酌み交わすときの話題の大半は信長の戦術や戦略についてだったという。

これ以降も、家康、信長をはじめとして、秀吉や信玄、謙信、幸村らは多くの物語作者によって新しい人物像が描き出され、映画やテレビドラマの主役にもなり、歴史ブームの火付け役になった。

だが気がかりなのは、小説やドラマは彼らを主役とするため、もっぱらスーパースターとして扱い、そのネガティブな面には触れないようにしてきたことだ。

それはそれで、物語を楽しむためにはいいのだが、それが度重なった結果、歴史上の人物の姿がゆがめられたまま伝えられることになった。

武将の生涯を無理に美化しなくても、彼らはその判断ミスを含めて十分に魅力的で、歴史に名と事績を残しているから、有名武将たちの偶像化から脱して、より真実に近い姿を求め、いまの世に問うことも必要になったと思われる。

そこで、本書は小説、物語、テレビドラマなどに取り上げられた主要武将について、これまで通説が作り上げた虚の部分を取り除き、真の姿を模索して新しい武将の姿を描き出そうと考えた。

真実の武将物語だが、調べていくとそれがとても面白い。

もちろん、まだまだ通説から脱却できない部分も多いと思われるが、問題提起をすれば、あとは歴史好きの読者がその解答を見つけてくれるに違いない。

というわけで、しばらくの間、『戦国合戦　通説を覆す』にお付き合いいただき、〝続戦国時代〟〝戦国末期〟に躍動した武将たちの真実の姿を思い描きながら、彼らのたぐいまれな戦略眼や逆に失敗の数々をお楽しみいただきたい。

戦国合戦　通説を覆す　目次

二　織田信長の戦い

桶狭間と長篠の戦い、信長は戦巧者と言えるか

三　三方ヶ原の戦い
なぜ家康は負ける戦に出陣したのか

四　高松城水攻めと中国大返し
秀吉は〝絶体絶命の危機〟だったのか

五　賤ヶ岳の戦いと美濃大返しのトリック

なぜあっという間に帰れたのか

六　関ヶ原の戦い

大合戦の舞台裏、家康のドタバタ劇

七　大坂の陣と真田幸村

戦国の掉尾を飾った名将の戦い

一　川中島の戦い

——二人の名将の一騎打ちはあったか

北信濃の川中島周辺で、越後の上杉謙信と甲斐の武田信玄は天文二十二年（一五五三）から永禄七年（一五六四）にかけて五回戦ったという。

勝敗はついていない。

謙信は北信濃（長野県北部）から武田勢を追い払うという目的が達成されなかったし、信玄は北から侵入する謙信の脅威を取り除くまでには至らなかった。

五回の戦いのうち、一回から三回までと五回目の戦いはにらみ合いと小競り合いに終わり、永禄四年九月十日の四回目の戦いだけが両軍入り乱れての合戦となった。

両軍合わせて三万数千人が、川中島の八幡原《はちまんばら》を中心に早朝八時から午後三時ほどまで干戈《かんか》を交えた。

合戦があったことは、「十日に川中島で信玄と戦い、凶徒数千騎を討ち取り大利を得た」との謙信の書状が残ることなどから事実とされるが、戦いの推移や詳細を記した史料は残っていない。

それなのに、戦いのあらましがいまに伝わるのは江戸初期の軍学書『甲陽軍鑑』に記述があるからだ。

『甲陽軍鑑』には、信玄が軍師山本勘助の提案で軍勢を二手に分ける策を採ったこと、謙信が信玄の意図を見ぬいて攻撃を受ける前に陣を出たこと、両軍激突のとき、上杉軍は〝車懸《くるまがか》りの陣形〟で攻撃したこと、ついには謙信らしい武者が武田本陣に乗り込み、馬上から信玄に斬り付け、信玄はそれを軍配で防いだことなどが書かれている。

だが、山本勘助については、信玄にそのような軍師が実在したという記録がないし、両将の一騎打ちについても、現存する史料には事実だと証明できる記述がない。

どうやら、『甲陽軍鑑』は歴史書というより、歴史読み物といったものらしい。

戦いから二百年後の寛政年間に成立した『甲越信戦録』には、両将一騎打ちの場面や両軍入り乱れての戦闘が〝見てきたように〟詳細に描かれ、現代に伝わる川中島合戦記のネタ本になっている。

『甲越信戦録』は三代将軍徳川家光の指示でまとめられた同名の戦記に、さまざまな逸話、伝聞を加えたものというが、真偽が入り交じり、〝講釈師、見てきたような嘘を言い〟といったものまであり、史料的価値はさらに低いとされる。

このような事情から、**通説**は『甲陽軍鑑』を参考にしながらも、時代背景や他史料から導き出した史実をもとに川中島合戦の経緯を描いているが、やはり『甲陽軍鑑』の記述に引きずられるのか、あるいは、謙信、信玄両将の采配を賛美するためか、辻褄の合わない部分がいくつも認められる。

そこで、歴史の流れや川中島周辺の地勢や天候を調べ、いまに伝わる戦記から〝虚〟の部分を取り去り、名将に肩入れした〝情〟の部分をぬぐい去れば、川中島の朝霧の中からでも、戦いの実像を浮かび上がらすことができると思われる。

いざ、川中島へ

川中島は長野市の南部、犀川と千曲川の合流地点に開けた平地で、大河に挟まれ三角州の形状をしている。（戦国時代はこの付近一帯を周辺部も含めて川中島と呼んでいたという）。

両軍の対決がこの地域で行われたのは、川中島から犀川を越えて信州最北部にまで勢力範囲を広げたい信玄の思惑と川中島一帯を越後の防衛線とする上杉側の事情による。

謙信、信玄ともに、上洛して天下に号令するとの気持ちがあり、信玄がいなければ謙信が、謙信がいなければ信玄が軍勢を率いて上洛し、織田信長より早く都にその旗を立てた可能性が高いのだ。

第四次川中島の戦いの永禄四年（一五六一）は桶狭間の戦いの翌年で、両将は今川義元の戦死を知っていただろうから、上洛への思いは一層強くなっていたにちがいない。（信長は美濃攻めにとりかかったころで、これより七年後の永禄十一年に足利義昭将軍とともに入洛した）。

なぜ、上杉謙信（あるいは武田信玄）は相手を屈服させられなかったのだろう。

両将が十分に準備時間をおいて戦った〝第四次川中島の戦い〟の采配から、この間の事情を探っていく。

なお、上杉謙信は、この当時は山内上杉家を相続し、名も長尾景虎から上杉政虎（のちに輝《てる》虎《とら》）となっていたが、本項では、元亀以後の法号の謙信を使った。武田信玄も当時は晴信だが、法号の信玄を使って記述する。

第四次川中島合戦――序盤の駆け引き

通説によれば、川中島の戦いの序盤は次のようになる。

永禄四年八月十四日、越後の国主上杉謙信は一万八千の軍勢を率いて春日山城（新潟県上越市）を進発し北信濃に入った。途中、善光寺北東の横山城に小荷駄隊（馬や人力で軍用品や食料を運んだ）など五千人を置くと、十六日には犀川を越えて川中島を南下、縦断し、千曲川も越えて妻女山《さいじょさん》に布陣した。

妻女山は長野市南部、千曲川（このあたりでは西から東に流れる）の南岸にあり、当時の川筋は現在より南で、妻女山の山裾を流れていたという。比高（麓からの高さ）五〇メートルほどだが、登ると北に川中島一帯を見渡せ、東二キロに武田方拠点の海津城を見下ろす位置にあった。（海津城は東から北に流れを変えた千曲川の川岸にあった。江戸時代に改名され、松代城となった）。

謙信が越信国境を四〇キロも進み、犀川と千曲川を越えて武田の支配下にあった妻女山に布陣したのは、信玄との戦いに決着をつけようと不退転の決意を示したもので、信玄を刺激して川中島に誘い出し、決戦を挑むためと思われる。

謙信にとって、越後さえ狙う武田勢は目の上のたんこぶで、北信濃から追い出したかったし、信玄に領地を奪われた国人領主村上義清らから助けを求められてもいた。

信玄は謙信の進出を聞くと、すぐに陣触れし、十八日に一万人ほどを率いて出陣、各地で与力の将兵（加勢）を集め、二十四日には総勢二万人ほどで、妻女山の西二キロ余りの千曲川の〝雨宮《あめのみや》の渡し〟の北岸に布陣した。

（上杉勢の進出は烽火《のろし》をつないで、海津城から古府中（甲府市）の信玄に知らされた。一五〇キロを二時間ほどで伝達したという）。

だが、謙信は動かない。（対岸に布陣した敵勢の前での渡河は多大な損害が出る）。ここではにらみ合いだけで終わり、信玄は二十九日に、川中島をへて〝広瀬の渡し〟で千曲川を渡河し、海津城に入った。

両将とも、有利な状況を作ってからでないと、この相手には勝てないと知っていたはずで、互いに相手をうかがう駆け引きがはじまっていた。

千曲川の渡しが戦術を決めた

雨宮の渡しは北国《ほっこく》街道の渡し場で（旧長野電鉄雨宮駅の北側。当時の川筋は現在より八〇〇メートルほども南を流れていたという）、川幅が広く、瀬を伝えば徒歩で渡河できた。（犬でも歩いて渡れるので戌《いぬ》ヶ瀬ともいわれた。戌ヶ瀬は雨宮の渡しの下流にあった別の渡しともいう。大雨が降るたびに、渡しの位置、状態は変わったと思われる）。

[川中島合戦両軍進撃路]

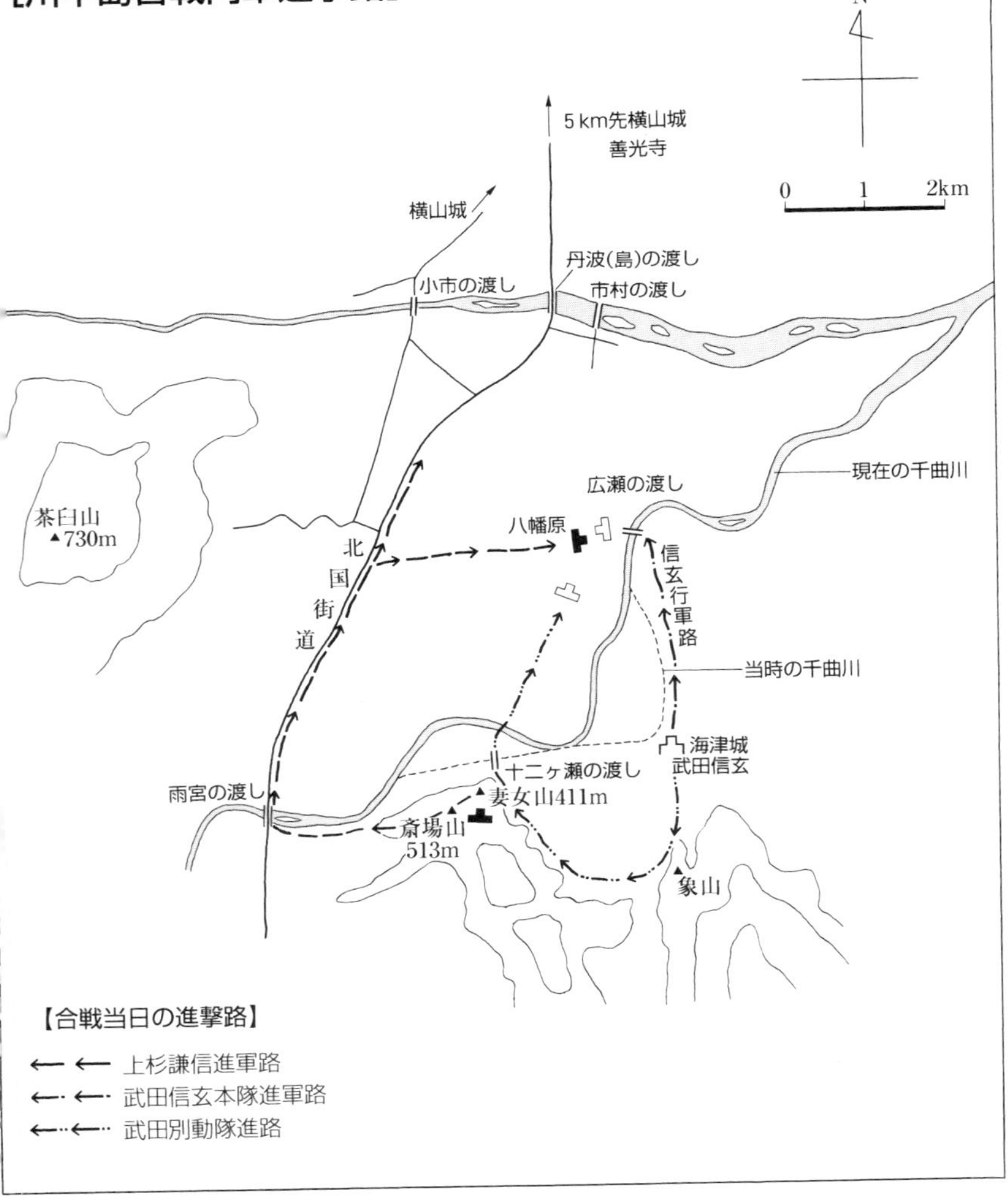
N
0
1
2km
5km先横山城
善光寺
横山城
小市の渡し
丹波(島)の渡し
市村の渡し
茶臼山
730m
広瀬の渡し
現在の千曲川
八幡原
北国街道
信玄行軍路
当時の千曲川
海津城
武田信玄
十二ヶ瀬の渡し
雨宮の渡し
妻女山411m
斎場山
513m
象山
【合戦当日の進撃路】
上杉謙信進軍路
武田信玄本隊進軍路
武田別動隊進路

広瀬の渡しは海津城から北へ二キロ半ほど。千曲川に流れ込む中小河川からの砂利が堆積して川幅が広がっており、ここも徒歩で渡河できた。この付近の千曲川の川筋は現在より東に寄っていた。(「瀬」は水深が浅い場所の意)。

武田勢が広瀬の渡しを渡河するときに攻撃すれば多大の戦果を上げられるが、そのためには上杉勢も千曲川を渡河しなければならない。武田方もそれは知っていたから、上杉勢の牽制《けんせい》のために、妻女山北麓の十二ヶ瀬の渡しなどに軍勢を配置して警戒したと思われる。

両将はともに、「川中島の戦い」で勝つためには、千曲川の渡河がポイントになると知っていたはずだ。

信玄は茶臼山に布陣したのか

『甲越信戦録』に、信玄は有旅《うたび》(地名)の〝茶臼山〟に布陣したのち、陣を移して海津城に入ったとある。

茶臼山は川中島の西の山塊で、川中島一帯を見渡せる。妻女山と横山城との連絡を阻めるし、上杉勢の退路を抑えられるから、その可能性もある。**通説**の中にも、信玄の茶臼山布陣を史実とするものがある。

だが、信玄にとっては茶臼山に軍勢を置くと、謙信が海津城を攻めたとき(急襲や夜襲したとき)に、救援ができなくなる欠点があった。

妻女山の北麓、千曲川の南岸沿いには松代道（北国東脇往還）が通り、海津城下に通じている。妻女山から海津城へは二キロほどしかないから、上杉勢が海津城を攻めるのは容易だ。ところが、茶臼山から海津城までは一〇キロほどもあるうえ、千曲川を渡らなければならない。渡河中を上杉勢に襲われると、多大な損害を出すおそれがあった（渡河中は身隠しできず、弓、鉄砲の標的になった）から、武田勢が茶臼山を本陣としたとは思えない。

信玄が茶臼山に軍勢を置いたとしても、そこを本陣とする意図はなく、上杉勢が渡河するか否かの様子見だったと思われる

通説は触れないが、両軍の戦術を見ると、ともに〝渡河時に敵の攻撃を受けないように〟作戦を組み立てている。舟渡しはもちろん、瀬渡しでも限られた浅瀬を伝うので、大軍が一挙に渡河できるわけではなく時間がかかった。「川中島の戦い」の両軍の勝ち負けも渡河の成否が影響している。

山本勘助の建策

海津城は北信濃に置かれた武田方の進出拠点で、周囲にも砦を配置して一大城砦群を築き、上杉勢の攻撃とかつてこの地方を治めていた国人領主たちの反撃に備えていた。

このあとも、妻女山と海津城のにらみ合いはつづき、さらに両軍が対峙すること十日、しびれを切らした信玄は上杉勢の攻撃方法を検討した。

ここで、『甲陽軍鑑』では、軍師山本勘助（勘介）が登場する。

それによると……。

武田家宿老の飯富《おぶ》虎昌（信玄嫡子義信の守役《もりやく》でもあった）が上杉との決戦を進言、信玄は譜代家老の馬場民部の意見を求め馬場が同意すると、〝軍師〟勘助を呼んで、馬場と勘助に上杉勢攻撃の具体策を検討させた。

勘助はここで武田勢を二つに分け、妻女山の上杉勢を挟撃する策を提案した。

二つに分けたうちの別動隊は海津城からひそかに南下して妻女山に向かい、夜明けとともに攻撃する。山上の上杉勢は突然の攻撃に驚いて反撃もできず、千曲川を渡って川中島を通り、後方陣地の横山城（善光寺の北東）目指して逃げるから、武田本隊は川中島で待ち受けて挟み撃ちにするという作戦だ。

啄木鳥の計

この策はのちの軍談書で〝啄木鳥《きつつき》の計〟と命名されている。

兵法講義のときに「この策を〝啄木鳥の計〟という」と説明し、「啄木鳥がくちばしで樹木をたたき、虫を内部から追い出して捕食するが如くである」と解説するともっともらしく聞こえたからだろう。

挟撃策をとれば、上杉勢に対しての攻撃の機会は妻女山、千曲川の渡河時、川中島での行軍時、犀川の渡河時とあり、いずれも有利な状況で攻撃できるので、上杉勢に大打撃を与えられると見た。

信玄はこの計略を採用（したことになっている）、妻女山攻撃の別動隊は高坂弾正、飯富虎昌、馬場民部など譜代の重臣を主力に一万二千人。信玄本隊は飯富三郎兵衛（山県昌景）、原隼《はや》人佐《とのすけ》、武田逍遥軒（信廉《のぶかど》、信玄の弟）、太郎義信（信玄の長男）らを中核に、左陣に武田典厩《てんきゅう》信繁（信玄の弟）、穴山信君（信玄の姉の子、室は信玄の娘）など、右陣に内藤修理亮、諸角豊後などを配した。親類衆を中心に八千人とした。

軍勢の進発は九月九日の深夜と決めた。

その夜、謙信は海津城から立ちのぼるかすかな炊煙に気づいた。夜になっての炊飯は、武田勢が出陣に備えてひそかに糧食の用意をしているためと読んだ。

謙信は侍大将を集め「今夜、敵は妻女山を攻撃してくる。戦法は人数を二手に分け、一手がこの陣に奇襲攻撃を仕かけ、われらが川（千曲川）を渡り退くところを今一手が待ち受けて攻撃するものと見られる」と武田の戦術を見破り、「われらは直ちに川を越し、日の出とともに川中島にて甲州勢に戦いを挑み、信玄と討つか討たれるかの合戦をする」と決意を述べた。

同日夜半（午後十一時頃）、上杉勢はひそかに陣を払い妻女山を下りると、十日未明には千曲川の雨宮の渡しを北へ渡って川中島に入った。

『甲陽軍鑑』の虚実

山本勘助は信玄の軍師で、侍大将クラスの家臣ということになっている。『甲陽軍鑑』は武田信玄・勝頼二代の事績を描いた書物だが、明らかに史実と異なる記述があり、江戸時代から「偽書」とされ、近代に入っても歴史書としての価値は認められず、読み物といった見方がされてきた。現代では、その記述のあいまいさは承知の上で、物語の裏を読むなど歴史の研究材料としての価値が新たに評価されている。

『軍鑑』の作者は武田の重臣高坂弾正という。彼の口述を近臣が筆記し、のちに小幡《おばた》勘兵衛景《かげ》憲《のり》が手を加えたとされる。

小幡は元亀三年（一五七二）の生まれで、祖父の小幡虎盛は武田の家臣、彼自身は武田家滅亡のあと徳川に仕えていたが、慶長十九年（一六一四）の大坂の陣では、大坂方に名を連ね、その実は徳川に通じていたとされる。

大坂の陣以後は徳川に仕えて、兵法指南として甲州流軍学を教えていた。

小幡は『軍鑑』をテキストとしたが、甲州流兵法の優秀さを喧伝するために、脚色（改作）しながら使ったと見られる。

『軍鑑』に謙信勢の後備《うしろぞな》えをつとめたときの甘糟近江守の話がある。

甘糟隊千人は敗走する味方を守って退いていたが、これを謙信本隊と見て高坂弾正隊が襲いかかった。甘糟隊は討たれながらも乱れず、最後は馬上六、七騎、雑兵四、五十人になったものの犀川を渡った。甘糟はなおもそこに三日留まって敗兵を収容して越後に帰ったと記述される。

この中に、甘糟隊で殿《しんがり》をつとめた武者三騎が追撃する武田方の武者を退けていたが、小幡又兵衛が追い掛かり、そのうちの二騎を倒したとの一文がある。

又兵衛は小幡景憲の父親だから、なんのことはない自分の父の功名話をわざわざ付け加えたのだ。この話も事実ではないとされる。

軍師山本勘助は創作された

山本勘助は『甲陽軍鑑』によって創作されたキャラクターだ。

天文二十二年（一五五三）、五十一歳のときに信玄に仕えて軍師役を務めていたが、川中島の合戦で自らの策が見ぬかれて武田軍が劣勢になると、配下二百人を率いて上杉軍に斬り込み陣没したことになっている。

〝軍師〟勘助を創造したのは『軍鑑』を兵法講義のテキストとして使うためと思われる。門閥をもたない一介の武士が武田信玄という戦国武将の軍師となり、さまざまに建言して信玄を勝利に導いたとすれば、当時の下級武士にも、兵法軍学は学ぶ価値ありと思わすことができるからだ。

勘助が自らの策が失敗した責任をとって敵陣に飛び込んで斬り死にしたというのも、〝生かして〟おくと、架空の人物であることがバレてしまうからだろう。

それに、信玄やその宿老らが立てた作戦が失敗したとすると、武田流軍学の兵法講義に支障が出るので、架空の人物を創造して責任を負わせたとも思われる。

甲州流軍学に対抗した越後流軍学でも、実在の宇佐美駿河守定満をモデルに宇佐美駿河守定行という軍師を創作し、謙信の参謀として活躍させ越後流軍学の祖としている。

山本〝菅〟助は存在した

架空の人物とされてきた勘助だが、近年〝山本菅助〟の名のある文書がいくつか見つかり、実在の人物がいると分かった。

中でも、第三次川中島合戦があった弘治三年（一五五七）六月、信玄が前線の与力部将に送った書状に、野沢温泉の陣を上杉勢からよく守ったと褒めた文のあとに、「なお、山本菅助に説明させる」（自分の考えで、手紙には書けない部分は、菅助に伝えてある）とあるという。（群馬県安中市の真下家所蔵の文書の研究で明らかになった）。

この八月には、第三次の川中島合戦があったから、信玄の使いとして情勢を説明するなら、合戦時の行動も指示したはずで、相当な地位の武士ということになる。

菅助が野沢温泉まで出向いたというのも、合戦に備えて敵情の偵察を兼ねたものとすれば、軍師らしい仕事だ。（野沢温泉は海津城から北北東に六〇キロほど。越後との国境に近い）。ただ、「菅助」についての史料は少なく事績の記載もないので、この菅助が『甲陽軍鑑』にいう軍師山本勘助とする証拠はない。

『軍鑑』の作者、あるいは改編者が物語を作るにあたり、実在の人物「菅助」の名を借用したか、創造の人物にたまたま同音の武士がいたということだろう。

真実の川中島合戦――両軍激突

武田軍の動きを知った謙信は、信玄が川中島に出陣すると読み、機先を制そうと、その夜のうちに妻女山を下り、雨宮の渡しで千曲川を渡河した。

川中島一帯は夜明けとともに濃い霧が発生して、渡河した上杉勢をおおい隠した。

上杉勢は霧の中を北上し、十日午前七時ごろに八幡原の西方二キロに達した。（川中島のうち八幡原と呼ばれるのは北へ流れを変えた千曲川の西岸地帯）。

一方、信玄の本隊八千は未明近くになって行動を起こし、夜明け前には広瀬の渡しに達したが、先手衆《さきて》が渡河にかかったころから霧が発生して全軍の渡河に手間取り、隊列を整えるのに時間がかかった。

とはいえ、別動隊から、上杉勢の動きについての報告はない。霧が晴れれば、謙信は武田本隊の出撃を知って、決戦を求めて川中島へ出てくるだろうが、上杉勢が渡河にかかったところを別動隊が攻撃するから、それまで十分な時間はあるはずだ。

通説は武田別動隊の役割を妻女山の上杉勢の攻撃とするが、妻女山には一万二千もの軍勢が攻め上がる道がない。(せいぜい兵が一列になって山道を登って攻撃するくらいだ)。もともと、妻女山には上杉の全軍が陣を敷く場所がない。五〇〇メートルほど南西にある斎《さい》場山《じょうさん》など周囲の山間に布陣したのだろう。

それは武田方にも分かるから、武田の別動隊には妻女山を攻撃する意図はなく、川中島に出撃する上杉勢を渡河時に捉えて攻撃する作戦だ。

信玄本隊は上杉勢を誘い出す〝おとり役〟だったことになる。

上杉勢が海津城を攻撃しないのも同じで、二万もの兵が籠る城の包囲、攻撃には時間がかかり、損害ばかりが増えて勝敗がつかないケースが多いからだ。

車懸りと鶴翼の陣

渡河と陣立てに混乱する武田本隊はこの時刻にいるはずもない越後勢に突如攻撃された。

霧の中での戦いだが、諸隊が揃わず、陣形も組めない武田勢に対して、上杉勢はすでに敵との遭遇に備えて戦闘隊形をとっていたから断然有利だ。

謙信が武田の戦術を読んで、早めに行動を起こしたのに対し、信玄は自軍の動きを秘匿するため深夜まで出陣を遅らせたことが両軍の優位差になった。(霧が出なければ、夜明けとともに渡河し、陣形を整えて、上杉勢を迎撃することができた）。

謙信は〝車懸《くるまがか》り〟の戦法で攻撃を開始、信玄はそれと分かると〝鶴翼《かくよく》の陣〟で防いだと『甲陽軍鑑』は説明する。

車懸りとは敵勢を各部隊が車輪のように回りながら連続攻撃をすることだという。諸隊が交替で敵を攻撃することになり、それぞれが態勢を立て直しながら攻撃ができる利点があると説明されるが、戦闘になる前の示威行動ならともかく、斬り合っているときに部隊が交代するのではかえって不利になりそうだ。

このため、車懸りの戦法は否定されてきたが、近年、「こうすれば可能だ」と陣形を図に描いて肯定する意見が見られる。

図上なら可能だろうが、実際の八幡原は平坦ではなく、凹凸があり川や沼、草地、林もある。車懸りをしようにも足場が悪く〝車輪のように回りながら〟の攻撃はできないだろう。現地を調べずに地図を見ただけの考えと思われる。

〝鶴翼の陣〟とは鶴が翼を広げたように布陣する隊形で、小勢の敵を大軍で包み込んで殲滅《せんめつ》する戦法だ。兵数で優位なときに用いるといい、「三方ヶ原の戦い」でも「関ヶ原の戦い」でも使われたとされる。

だが、鶴翼の陣は、もとは中国の大平原で万余の軍勢がより少ない兵数の軍勢と戦うときに使ったとされる戦法だ。日本にはそれに匹敵する平原はないので、実施不可能だ。

講義時の図上演習なら可能だから、小幡景憲が兵法講義のときに、説明がもっともらしくなるので使ったのだろう。

朝霧の中で周囲もよく見えず、足場も悪い八幡原で、車懸りや鶴翼の陣形をとれるわけもなく、川中島合戦で実際に使われたとは思えない。

実際の戦闘

戦いは防戦一方になった武田勢に対して、上杉勢が攻撃をつづけ、一方的に押しまくった。

当時の平地での戦いは、弓、鉄砲の射ち合いののち、密集した長柄《ながえ》（槍）の足軽隊が前進して敵の前衛を突き崩し、そこへ本隊が攻め込むというものだ。（石の投げ合いもあった。弓、鉄砲より効果があったともいう）。

川中島の戦いでは、武田方は霧中での渡河にとまどって長柄衆を揃えることができず、すでに隊列を作って長柄衆を先頭に攻撃してくる上杉勢を防げなかったと思われる。

（〝広瀬の渡し〟は徒歩で渡れたと思われるが、渡河には浅瀬を選んで渡る必要があった。川霧のためにそれがスムーズにできなかったのだろう）。

武田勢の多くの部隊は、上杉勢の突入を防ぐ方策がなく、簡単に攻め込まれて有力武将を失うことになった。

謙信、信玄の一騎打ち

謙信、信玄の一騎打ちだが、いまに伝わる講談や合戦記によると……。

信玄は千曲川を渡河したあと、川原に床几《しょうぎ》（折り畳み式の椅子）を置いて陣形を立て直すべく、各所に母衣《ほろ》武者（主将の側近にあって、伝令や戦いの形勢を調べる役目をした）を発していたが、左陣に配した信玄弟の典厩信繁が討ち死にしたとの報せがあり、その立て直しに自らの本陣を守る旗本部隊を派遣し、つづいて嫡子義信勢が敵勢に囲まれているとの報告があり、残余の旗本部隊も救援に向かわせたため、周囲に警固の兵がいなくなった。

このとき、謙信が一騎駆けで（あるいは少数の家臣を連れただけで）、武田本陣の信玄を襲ったという。

この日、武田勢を混乱の極に追い込んだ謙信はこれに乗じて信玄を討とうと、直臣《じきしん》の山吉玄蕃、平賀志摩守を武田勢に入り込ませて信玄の居所を探った。

二人は、数少ない直臣に囲まれただけで、床几に腰を下ろし悠然と構えている武将を発見した。

そのいでたちは、武田菱を金で打った黒糸おどしの鎧《よろい》、諏訪法性《ほっしょう》の兜《かぶと》、黄金《こがね》作りの太刀。右手には軍配団扇《うちわ》をもっている。

信玄に違いないと見たが、近くに信玄と同じいでたちの法師武者がいた。

信玄には七人の影武者がいると聞いていたから、なおも注視すると母衣武者が帰り、信玄の長子太郎義信が広瀬の渡しで上杉勢に囲まれて苦戦中と大声で報告した。床几の武者がすぐに周囲の旗本部将に向かい「太郎を助けよ」と下知したので、信玄と分かった。手勢をまとめて救援に向かったのは内藤修理亮、浅利式部少輔《しょうゆう》らという。影武者をつとめていたのは信玄の弟逍遥軒信廉入道で、逍遥軒も騎乗して戦場に向かった。このため、信玄の周囲には武者がいなくなった。

信玄は謙信の太刀を軍配でかわせたか

二人は槍先に白い布をつけて馬上で振る。これが合図だ。

謙信は遠く馬上から、白布を付けた槍先が振られるのを見ると、放生月毛《ほうじょうつきげ》の愛馬にひと鞭くれて駆け出した。

そのいでたちは紺糸おどしの鎧の上に萌黄《もえぎ》緞子《どんす》の胴肩衣を着け、兜の上から白綾の絹で顔をつつみ、腰には三尺一寸の小豆長光《あずきながみつ》の太刀を帯びていた。

謙信は信玄に単騎駆け寄ると、小豆長光を振り下ろした。信玄は床几から立ち上がり、それを軍配団扇でかわした。

謙信は三度まで信玄に斬りつけ、信玄の軍配には八ヵ所の傷ができたという。

武田軍中間頭の原大隅が異変に気づき、駆け寄って謙信に槍を繰り出したが、狙いがつかず、馬の尻を叩いてしまった。馬は棒立ちとなり、それを潮に謙信は馬を返した。謙信は乗馬を槍で狙われ、落馬して討たれるのを避けた……という筋書きだ。

馬上から太刀で信玄を討ち取れるか

一騎打ちの部分は『甲越信戦録』にあるが、『甲陽軍鑑』の記述に尾ひれがついたものと思われ、真実性は低い。『軍鑑』は謙信が襲ったとは書いてなく、「後で聞くと、あの武者は謙信だった」と遠慮がちに記している。上杉方の資料には、謙信が信玄を襲った、あるいは太刀打ちしたとの記述はない。

この話が創作だと分かるのは、謙信が馬上から太刀で信玄を襲ったという点だ。信玄はそれを軍配団扇で防いだという。当時の主将がもつ軍配は鉄製で、太刀筋をかわすことはできるから、話としては成り立つ。

だが、信玄を探し出して討つ覚悟だった謙信が馬上から太刀で襲ったというのはありそうもない。太刀を馬上から振り下ろしたとしても、兜を割ることはできないからだ。

謙信が信玄を仕留めるつもりなら、騎馬の武者が使っていた馬上槍で攻撃したと思われる。槍で〝面頰《めんぽお》〟（顔の防具）を狙えば一撃で殺せるし、胴を突けば、貫通なら致命傷、貫通しなくても傷を負わせれば、討ち取ることができる。

それなのに、〝謙信が太刀で攻撃した〟とされるのはこの話が作者の創作であることの証拠になる。

謙信が馬上槍を構えて迫れば、重い鎧と兜を身につけた信玄は機敏に動けないから、槍先をかわすことはできない。すると、信玄はその場で落命、あるいは深手を負うことになり、史実とかけ離れてしまう。

このため、二人の一騎打ちの話を創作するとき、その後も生きていた信玄を〝殺さないために〟謙信の得物を太刀にしたと思われる。

謙信の太刀を防ぐのに軍配団扇を使ったというのも、江戸時代の兵法軍学では、主将のもつ軍配を采配の象徴としたからで、軍配が信玄の命を救ったとすると軍学講義上は都合がいい。

この一騎打ちは、当時の関白近衛前嗣（前久）から謙信への書状に「自身太刀打ちに及ばる段、比類なき次第　天下の名誉に候」とあるのを証拠として、事実と主張されたこともあるが、謙信が乱戦の中で太刀や槍を振るったことはあっても、信玄に対してとは書いてない。（当時の「太刀打ち」の言葉には刀だけではなく、槍も含まれる）。

一騎打ちは、やはり作り話だ。

形勢逆転

信玄は床几の場所を動かずに戦況を見守ったが、形勢は信玄旗本の飯富三郎兵衛隊が上杉軍先手の柿崎衆を四散させ、穴山信君隊が新発田勢を追い崩したほかは、残る九部隊がことごとく敗勢となり、信玄の弟典厩信繁だけでなく、諸角豊後守、初鹿野《はじかの》源五郎など主要な武将が討ち死にした。

すでに、武田勢の敗戦が決まったと思われたとき、やっと妻女山に向かった部隊が八幡原の戦場に駆けつけた。午前十時ごろという。（別動隊の合流が遅れたのも霧のためだ。妻女山に上杉勢がいないことが夜明けすぎに分かったとしても、霧の中での千曲川の渡河と隊列を整えるのに時間がかかった）。

優勢な上杉勢も腹背に敵を受けてはたまらず、そのうえすでに二時間は戦いつづけている。一気に守勢となり、それでも血路を開いて横山城を目指したが、犀川に行く手を阻まれた。

謙信は引き揚げに備え、丹波（島）の渡しを直江実綱に守らせていたが、そこまで逃げこめなかった兵は、陣場河原（稲里町中氷鉋《なかひがの》。丹波の渡しの一キロほど手前）や市村の渡し（丹波の渡しの下流にあった。丹波、市村ともに舟による渡し）で武田勢に討たれた。

謙信は、疲れの目立つ愛馬放生月毛を放ち、他馬に乗り換えて北へ逃れた。供をしたのは和田喜兵衛ただ一人だったという。

戦いの真相

謙信・信玄の一騎打ちや信玄に軍師の山本勘助がいたというのは虚構としても、九月十日に両軍主力が決戦したことは、謙信の書状に記載があることや家臣に発した感状（戦功の認定証）

やその写しがいまに残っていることなどから事実とされる。

二人の戦いは謙信の妻女山布陣から始まる。（当時は妻女山との名称はなかったという。松代町西条近くの山と記されたものが妻女山に転化したのか。斎場山と呼ばれていた山を妻女山と表記したものか。ただし西条の読みは「にしじょう」）。

謙信が一万三千もの軍勢を率いて武田の勢力圏に足を踏み入れて布陣したのは、武田本隊を誘《おび》き出して決戦しよう（信玄と決着をつけよう）との意思表示だ。謙信から見れば、信玄がいる限り領国を守ることも上洛することもできない。

妻女山を選んだ理由も明白だ。

戦国の普通の戦いなら、武将はまず敵の進出拠点の城（この戦いでは海津城）を奪おうとして城攻めをするだろう。城の争奪戦が主となる。

しかし、謙信に海津城攻撃の考えはない。城攻めには時間がかかり、城を囲んでいるうちに武田の部隊が来れば、後方から攻撃され挟み撃ちとなる。

そこで海津を攻めなくても、信玄が川中島に出てくる方策を考えた。

それが敵中の妻女山に布陣して、謙信の「毘《び》」（軍神の毘沙門天の毘）の軍旗を乱立させ、「信玄は自領としている妻女山に布陣されても、まだ決戦を避けるのか」との挑発策だ。

妻女山は海津城を見下ろす位置にあったから、城の武田勢に対しての圧力にもなった。

妻女山布陣

通説の中には、謙信が在陣した山を妻女山ではなく、その南東の西条《にしじょう》の山だとするものがある。『甲陽軍鑑』の記述も西条だ。西条も海津城の南一キロほどで、城の武田勢に対しては圧力となるが、川中島を見渡せず、武田勢の動きに機敏に対応できない。

これに対して、妻女山には川中島一帯を見渡せるとの利点があり、北側の真下には十二ヶ瀬の渡しがあり、川中島に進出するときに便利だ。

当初は信玄も、謙信の意図を海津城の攻撃と見た。海津城は信玄が北信濃に置いた拠点だから、まず上杉勢の攻撃目標になる。

海津城は千曲川を堀として使い、周囲を水堀で囲んでいた。当時は千曲川（あるいはその分流）が城壁の近くを流れ、天然の水堀になっていたという。築城は永禄二〜三年（一五五九〜六〇）、平城で急造だから防御力はまだ十分ではなかっただろう。永禄四年（一五六一）に、高坂昌信が城主となっていた。（『甲陽軍鑑』では海津城の縄張りも山本勘助としている）。

ところが、信玄が川中島に着いてみると、謙信は武田方の城砦《じょうさい》には手出しせず、妻女山に籠もっていた。決戦を求めていると分かる。

信玄は雨宮の渡しの北岸に布陣して妻女山の謙信を挑発したが上杉勢は動かない。武田勢を攻めるには千曲川が邪魔になるからで、この誘いには乗らなかった。

信玄は海津城に入り、謙信が動くのを待った。謙信がしびれを切らして越後に引き揚げるのを待って横槍を入れ、追撃戦をするつもりだ。一番効率的な（上杉勢に損害を与えられる）策と思われる。

妻女山の謡、謙信余裕の理由

通説は、妻女山の上杉勢は在陣が長引き、兵糧が残り少なくなったという『甲陽軍鑑』の説をそのまま採用している。

幕僚たちは心配して越後に引き揚げようと進言したが、謙信はそれを無視し、近習と謡《うたい》に興じるなど泰然自若としていた。この余裕を見て、兵たちは「御大将には勝利の秘策あり」と浮き足立つことがなかったとしている。

謙信の武将ぶりを表現するエピソードで、**通説**はこぞってこの話を真実として紹介している。だが、そうだとすると、越後勢はすきっ腹を抱えたままで、川中島の合戦に臨んだことになる。事実とは思われない。

謙信が悠然としていられたのは、食料が手に入っていたからだ。

糧食は横山城から運ぶしかないが、小荷駄隊は犀川、千曲川の大河を渡らねばならず、途中の川中島には武田方の砦もあるから、簡単には運べない。

では、どこから入手したのだろう。**通説**にはその説明がない。

（説明ができないので、「食料もなく、水もなく、燃料もないのに、妻女山に籠もったわけがないから、妻女山には籠もらなかった」とする**説**もある。また、妻女山の周囲には武田の城砦群があり、謙信がそんな危険な場所にわざわざ陣を敷くはずはないから、『軍鑑』の創作だとの**説**もある）。

上杉勢には食料があった

九月十日は現在の暦では十月下旬で、川中島周辺では稲刈りが終わっている。当時の軍隊は敵領に入れば、乱取り（略奪）は当然のことだから、妻女山の上杉勢も近隣に足を延ばして兵糧集めをしたと思われる。

（越後勢の略奪ぶりは他領から怖れられていた。当時の越後は地味が乏しく、冬季は〝越山〟して食料の略奪に精を出し、その地で越冬することもあった。軍事目的だけでなく、そうしなければ飢えて死ぬといった飢饉の年もあっただろう。〝越山《えつざん》〟は山を越すとの意だけでなく、他領を侵すとの意味があり、上杉勢の〝越山〟には他領での食料略奪が含まれた）。

甲州勢も同じだ。越後も甲斐も当時は畿内に比べると生産性が低く、それに加えてこの時代は水害、干ばつなどの天災が頻発していた。のちの太閤検地でも、甲斐は二十二万石にすぎず、米どころとなる越後も当時は三十九万石だ。信濃は四十万石、尾張、美濃は五十万石余、近江は七十万石余だから、信長の富裕ぶりが分かる。

謙信が妻女山に在陣できたのはそのためで、逆に信玄には乱取りを怖れた土豪、農民から、早く上杉勢を追い出してくれとの訴えがあったろう。

これも信玄が謙信との決戦を求めて、海津城から出撃した理由の一つだ。

この一帯には、かつての領主村上氏に心を寄せ、武田をよく思わない農民もいたはずで、上杉勢にはその村上氏の当主義清（もとは埴科《はにしな》郡葛尾城主。東信の佐久、小県《ちいさがた》二郡、北信の埴科、水内《みのち》、高井三郡を領していた）も加わっていたから、上杉勢には彼らから米穀の寄進もあっただろう。略奪は親武田か親村上かを判別して行われたとも思われる。

武田の北信濃の統治は過酷だったというから、戦乱の中に置かれた農民の労苦は大きい。**通説**が両軍の乱取りに触れないのは、謙信、信玄を名将と称えるあまり、彼らに傷がつくことを嫌ったからだろう。

このため、食料の争奪という、ごく当然の視点が「川中島の戦い」から消えてしまった。

妻女山攻撃も啄木鳥の計もなかった

謙信に動く気配がなければ、信玄は次の手を打たねばならない。妻女山を攻撃するか（包囲して兵糧攻めにするか）、あるいは、川中島に出撃して、決戦を望んでいる上杉勢と対決するかだ。

まず、妻女山の攻撃だが難しい。

大軍が布陣しているから（山上には大軍が陣を張れる広い場所はなく、上杉勢は山間に散開して布陣したと思われる）、攻撃側も大軍を投入しなければならないが、南からの尾根道は狭く、東には急な崖、西は山つづきだ。千曲川岸から登る道も狭く蛇行しており、大軍で一挙に攻め上がるなどは無理な話だ。

山上に作られた城砦なら包囲して兵糧攻めができるが、分散して布陣しているのでは、それもできない。（啄木鳥の計などは図上でしかできない）。

となると、信玄は自ら川中島に出陣して謙信を誘い出し、上杉勢と決戦するしかなかった。もちろん、相手は戦国最強といわれた上杉勢だから、信玄も謙信の望むままにはせず、必勝の策を考えた。

それが軍勢を二分する策だ。信玄自身は川中島に陣を敷いて上杉勢を誘い出し（謙信が願っていた決戦に応じるとの姿勢を見せ）、全軍の半数ほどを別動隊として妻女山の東で待機させ、川中島に出るため千曲川を渡る上杉勢を背後から攻撃するとの挟撃策だ。（妻女山を攻撃するつもりはない。妻女山を〝奇襲〟して上杉勢を追い落とし、川中島に追いやるなどは〝軍談〟でしかできない。奇襲しようにも登山道が狭くて大量の兵は送れない）。

武田の別動隊は夜間に海津城を出たあと、一キロほど南行し、松代町西条《にしじょう》の山陰に隠れたと思われる。ここで待機し、上杉勢が川中島の武田本隊を攻撃するために下山したあとを追うことになる。

この軍勢を二分して上杉勢を挟み撃ちにするという策が『甲陽軍鑑』では、〝名軍師〟山本勘助を登場させるために、妻女山を攻撃して上杉勢を誘《おび》き出す〝啄木鳥の計〟と脚色されたのだろう。

『軍鑑』では、啄木鳥の策によって〝武田勢が妻女山を急襲すると、上杉勢は突然の攻撃に驚いて、陣を捨てて下山した〟というありえない仮定が前提になっている。

通説も〝武田別動隊は妻女山攻撃が目的だった〟との『軍鑑』の記述を踏襲しているので、別動隊が妻女山をどの経路で登ったかなどの具体的な攻撃策を示すことができず、この部分はあいまいになっている。

妻女山は足場が悪く、登山道も狭い。大軍での急襲自体が不可能だし、急襲できたとしても小部隊だから、上杉勢をあわてて下山させる力にはならない。(妻女山の標高は四一一メートル、川中島からの比高は五〇メートルほど。川中島合戦時の妻女山とも比定される〝斎場山〟は標高五一三メートル、比高百五〇メートル。妻女山から南西へ五〇〇メートル、徒歩で二十分ほど。ともに大軍で攻撃するための道は見当たらない)。

この筋書きを作った小幡景憲は妻女山を見たこともないのだろう。

武田の別動隊の役割が説明できず、別動隊が一万二千と信玄本隊の八千を四千人も上回るのは『甲陽軍鑑』の間違いとする**説**もある。(『甲陽軍鑑』は偽書だから、都合の悪い部分は自分流に改訂して読むということか……)。

炊飯の煙は軍学用に創られた話

謙信が海津城から立ちのぼる炊飯の煙を発見して武田勢の出陣を知ったというのも、軍学のために創られた話だ。

上杉勢は海津城周辺には常時物見を出して、その動向を監視していたはずだ。それに、海津城には旧主村上に心を寄せる者、あるいは敵情を探る目的でもぐりこんだ者もいただろうから、謙信が武田勢の出陣準備を知ったのは、物見か海津城内の内通者からの報告と思われる。

それを謙信が〝夜空に立ちのぼる炊飯のかすかな煙で武田勢の出撃を読んだ〟とすれば、軍学の講義のときに「名将とはかくの如き優れた観察眼をもつもの。武士たるもの、戦場ではいかなる些細なことも見逃してはならぬ」と教えて、軍学の必要性を強調できるし、謙信の名将度を上げれば、川中島合戦の教材としての価値も高めることができる。

謙信は物見や内通者の情報で、武田軍のその夜の出撃を知ると、（信玄が海津城を見捨てて退却するとは思わなかったろうから）信玄は決戦に応じるつもりと見て、機先を制して川中島に向かうことにした。

謙信の懸念

武田勢が出撃すると知った謙信が即刻行動を起こしたのは、武田勢に先んじて陣形を整えるためだが、武田別動隊の動きもつかんでいたからと思われる。

別動隊に雨宮の渡しで襲われる危険を避けるためには秘密裏に山を下りなければならない。（妻女山から斎場山を通り西へ進む山道は海津城や妻女山東の西条村からは死角になる）。

それに、川中島に進出した武田勢から丹波（島）の渡しを守らなければならない。（丹波の渡しは北国街道の犀川の渡しで、川舟による渡河だ。すぐ下流に市村の渡しがあり、付近の農民が使ったという。川中島合戦のころは市村の渡しが使われたともいう。また、三キロ上流に小市《こいち》の渡しがあり、流れがゆるやかなため、丹波で渡河できないときでも、小市なら渡河できた場合もあったという）。

丹波の渡しは直江景綱勢（景綱は謙信の重臣の一人。婿養子の直江兼続は謙信のあとを継いだ景勝の重臣となった）が守っていたが、小荷駄隊を除く実戦部隊は二千人ほどだから、武田勢に一気に攻められれば長くはもたない。

武田勢が丹波の渡しを確保したのち、横山城攻撃に向かい、城が落ちれば、謙信の越後防衛線は破られ、上杉勢は帰路を絶たれて敵中に孤立することになる。丹波の渡しの守りにも軍勢を割いただろう。

信玄は朝霧を読んでいたか

謙信は急いだ。丹波の渡しの守りを固めるとともに、川中島で武田軍を捕捉して打撃を与えなければならない。

上杉勢は妻女山に旗、指物《さしもの》、篝火《かがりび》を残したまま、午後十一時ごろから相次いで山を下りた。山道は西に向いており海津城からは死角となる。

夜明けまでには、雨宮の渡しを渡り、隊列を整えたが、そのころから霧が出はじめた。謙信は武田に別動隊があることを知っていたから、千曲川北岸に千人ほどの部隊を残し、十二ヶ瀬と雨宮の渡しを警戒させ、本隊は霧の中、北国街道を北に向かった。

上杉勢のこの深夜の移動は秘匿されたのだろうか。

一万以上の軍勢の移動だから、海津城からも上杉勢の動く気配は感じられたと見るほうが妥当だろう。それに、上杉勢の動きを知るために、物見を妻女山下の十二ヶ瀬や雨宮の渡しに出してあったとも思える。

謙信の下山を知った信玄はそれでもいいと考えた。自軍が広瀬の渡しを越えて八幡原で陣形を整えれば、別動隊も上杉勢を追って北上するから、敵勢を挟み撃ちにできる。（八幡原は広瀬の渡しの西に広がる。川中島の東北部。この付近の千曲川は現在より東を流れていたという）。謙信が武田との戦いを避けて、丹波の渡しに向かえば、舟渡しには時間がかかるから、追撃して戦果は上げられる。

もっと言えば、信玄は上杉勢が北信濃から引き揚げるなら、そのまま見逃してもよかったのだ。

信玄は海津城からの進発を夜半すぎとした。この時刻に城を出れば、本隊は早暁までには広瀬の渡しを渡河して八幡原で陣形を整え、川中島のどこが戦場になっても対応できる。

このとき、信玄は翌早朝に出る〝霧〟の予測をしていただろうか。

十日朝、川中島は夜明けとともに霧におおわれた。二〜三時間で晴れたというから、放射霧で、前日が晴天で地表の熱が放射して地表が冷えることで起きる。通常は夜明けとともに発生し、一〜三時間で消える。（すると、前日九日夜は晴天だったことになる。〝謙信が海津城から立ちのぼったかすかな炊煙を見つけた〟のも、当夜が晴れていた証になる。両軍の深夜の移動も月明かりの下で行われた）。

放射霧が発生したときは川霧が出ることが多い。川霧は水温が高く、気温との温度差が八度以上で発生するという。

霧は予測された

謙信の率いる上杉勢一万人余りは永禄四年九月十日（現在の暦で十月二十八日）、雨宮の渡しで千曲川を渡った。（妻女山直下にも十二ヶ瀬の渡しがあるが、海津城から丸見えで、渡河時に攻撃される怖れがあり、使わなかった）。

夜間の渡河で時間がかかり、陣形を整え終わったのは空が白むころだ。

日の出（六時前）とともに霧が出はじめた。それは徐々に川中島一帯を覆い、千曲川から立ちのぼる川霧と混ざって濃さを増した。

土地の人間なら、川霧や放射霧の発生は予測できるというから、歴戦の武将がそれを見落とすとは思えない。

謙信は霧を予測して、妻女山からの出撃を早めたとも思われる。

上杉勢は霧の中、物見を出して武田勢を探しながら、北国街道沿いに北上した。一部の部隊は丹波に先行させただろう。まず、全軍の安全のために渡しの守備兵を増強しなければならない。

雨宮と丹波の二つの渡しは当時から開けていた北国街道の要衝で、街道は川中島の西部を通る。八幡原で陣形を整えている武田勢とは、近い所で二キロほどは離れている。

広瀬の渡しで千曲川を渡河しようとする武田本隊も霧におおわれた。

信玄や武田方の部将も霧は予想したはずだが、これほどの濃い霧になるとの予測はできなかったのか。

通説の多くは川中島の戦いを遭遇戦（行軍中の軍勢が不意に敵と出会っての戦い）というが、北国街道を丹波の渡しに向かった上杉勢は物見を八幡原方面に出して警戒し、武田勢を見つけて攻撃するつもりだから遭遇戦ではない。

物見が八幡原で武田勢を見つけた。霧の中だが、大軍だから見落とすわけもない。

武田勢はいまだ渡河中で、渡河した部隊も入り乱れて、陣形も組めない状態だ。だが、遠く霧の中に信玄本陣を示す「風林火山」の旌旗《せいき》が見えた。信玄が陣頭指揮しているのは間違いない。

物見はすぐに報告に戻った。

「混乱した陣形の中に敵将信玄がいる」と聞けば、謙信の心は沸き立つ。信玄さえ討てば、戦いの目的は達成される（天下への道も開ける）。謙信はすぐに全軍に八幡原へ向かうよう命じた。〝狙うは信玄の首一つ〟だ。

一方、武田の別動隊は、上杉勢が信玄本隊の川中島への出撃に誘《おび》き出されて妻女山を下り、十二ヶ瀬の渡しを渡河するときに、後方から襲うつもりで待機していたが、山上に動きはない。本陣や山道の要所にはいつもと同じように篝火が焚《た》かれ、火守りの兵の姿も見えた。火にあおられるように屹立する毘沙門天の旗印もそのままだ。

謙信はまだ妻女山の本陣にいると解釈した。

武田別動隊は裏をかかれた

武田別動隊の高坂弾正、馬場民部らは、夜明けとともに物見を妻女山に登らせたが、物音ひとつしない。上杉勢はすでに陣払いしていたのに、気づかなかったのだ。（海津城から、上杉勢の動きについて報せはあったはずだが、夜間に全員が狭い山道を通って下山するとは思えなかったのだろう）。

高坂らはすぐに十二ヶ瀬の渡しに向かったが、対岸に甘糟勢が待ち構えていた。

謙信は雨宮の渡しから進発するとき、後備《うしろぞな》えの甘糟隊千人に鉄砲兵を加えたという。武田の別動隊に備えたのだ。

甘糟も武田勢の多さには驚いたに違いない。千人では限界があるにしても、渡河する敵を弓、鉄砲で攻撃したから、川面は武田勢の血で赤く染まった。武田の兵の多くは上流の雨宮の渡しへ回った。

（十二ヶ瀬の渡しは十二もの浅瀬があることから名がついた。浅瀬を伝って徒歩で渡れたと思われるが、大雨が降れば流れは変わり、浅瀬の状態も変わるから、瀬渡りには事前に浅瀬を調べておかなければならない。渡る瀬は限られるから、全軍が一斉に渡河できたのではないので、甘糟隊への有効な反撃ができなかったと思われる）。

雨宮に迂回して渡河した部隊が合流し、霧が晴れるころには甘糟隊を後退させたが、戦闘隊形を整えて、八幡原の戦場に到着したのは午前十時ごろになった。

八幡原での戦いは、はじめは上杉勢が一方的に武田勢を押しまくり、別動隊が戦列に加わった十時すぎからは武田勢が勢いを盛り返したという。『甲陽軍鑑』の判定では、前半は越軍、後半は甲軍の勝ちだという。一勝一敗にしてある。

山本勘助を創作したのには理由があった

戦いは午後二時ごろには終結し、武田軍は三時には勝ちどきを上げ、海津城に引き揚げた。（武田が深追いせず戦を切り上げたのは、自軍の損害も多かったからだ）。

『甲陽軍鑑』は武田の別動隊の数を一万二千、本隊を八千としている。信玄本隊より別動隊が四千人も多いのは、信玄が上杉勢と戦う部隊を武田の別動隊と想定していたことを物語る。本隊はおとりで、それにひかれて川中島に進出しようとする上杉勢を後方から別動隊が襲うという策だ。

本隊は逃れてきた上杉勢を待ち構えて掃討する役割だから、兵数が少なくてもいいと考えた。**通説**は、武田別動隊の目的を妻女山攻撃だとする『甲陽軍鑑』の記述をそのまま受け入れている。

だが、妻女山（と斎場山など）の上杉方各部隊は山頂、峰、山裾に布陣しており（東西二キロほどに散開したと思われる）、一万二千ほどの軍勢では包囲できない。

それは武田方も知っていたはずだから、軍勢の目的は山上に籠もった上杉勢の包囲ではなく、妻女山から出撃した部隊を攻撃するためだったと思われる。

（甲州流軍学の立場からすれば、多勢の武田本隊が上杉勢に一方的に押しまくられ、信玄の実弟や主要な部隊長が数多く戦死したというのでは、信玄の名がすたる。それで、信玄本隊の兵数を八千人と謙信勢より少なく記述した可能性もあるが……）。

前述したように『軍鑑』は海津城から出撃する策についても、まず飯富虎昌から進言があり、馬場民部も同意したので、信玄は馬場と山本勘助の二人に合戦の手立てを考えさせ、軍勢を二分する策は勘助が考えたと書いている。

これも、失敗した策の立案を架空の人物にして、実在の武将や信玄のカリスマ性に傷がつかないように配慮したためとも思われる。

武田軍の緒戦の敗勢を架空の人物山本勘助の責任だとすれば、実在の重臣の責任にしなくてすむし、その勘助が合戦で討ち死にしたことにすれば、「死人に口なし」で、好きなように武田流の軍学を語ることができる。

『甲陽軍鑑』には、架空の人物〝山本勘助〟が必要だったのだ。

なぜ謙信は信玄を討てなかったのか

川中島の戦いは**通説**の言うような遭遇戦（両軍が思いがけずに出会った戦い）ではなかった。物見を出して武田勢を探しながら移動中の上杉勢が戦闘隊形を作れないでいる武田勢を見つけて攻撃したのだ。

もともと、謙信の遠征目的は信玄を討つこと（あるいは、武田勢が信濃北部に侵攻しないように大打撃を与えること）だから当然だ。

信玄も物見を出して上杉勢を警戒していたに違いない。両軍物見の敵発見の時刻に大差はなかったと思われるが、上杉勢は北国街道を臨戦隊形で北上していたから、そのまま軍勢の向きを右に変えれば、各部隊とも長柄（槍）、弓、鉄砲隊と先備えの隊列を崩すことなく武田勢を攻撃できた。

これに対して、武田方は霧で渡河に手間取り、陣立てもままならない状態だ。武田の部隊長クラスが多く討たれたのは、先備えの足軽勢が揃わないなど戦闘隊形ができていなかったからだ。

謙信は、自軍が武田勢を追いまくる中で信玄の本陣を探した。信玄を討てば、主を失った武田勢が戦場から退くのはもちろん、その後は川中島を含めた北信濃一帯からも撤退せざるを得なくなる。川中島まで出張った目的が遂げられるのだ。武田家の家督は信玄嫡子義信に引き継がれるが、信玄がいなければ、態勢を立て直せるかどうか疑問だ。

謙信が危険を冒して、信玄を求めて乱戦の中を突き進んだというのも分かる。だが、信玄を追い詰める前に、武田の別動隊が戦闘に加わって上杉軍は敗勢となり、信玄を捉えることができなかった。

謙信の見込み違いは信玄を討てなかったことだが、武田別動隊が戦いに加わった後に部隊を戦場から離脱させられなかったことも大きな失敗といえる。

名将対決は痛み分け

武田方に信玄の弟や重臣の戦死者があるのに対して、上杉方にそれがないのは、戦いが上杉の攻勢から武田の追撃戦に変わったことを物語る。上杉の部隊長クラスは武田の新手が加わり敗勢となると、先に逃げたからだ。

この戦いで両軍の死傷率は七〜八割、戦死者は六千〜八千人といわれてきた。

だが、上杉勢はこの年の十一月には北条氏の攻撃を受けた武蔵松山城を救援するため関東に出陣しているし、武田勢もすぐに軍勢を上野《かみつけ》に送っているから、実際はそれほどの死傷者は出なかったとも思われる。

現在は、戦いの死者は両軍ともに千人前後とする**説**が多いが、それでも戦死者の率は非常に高い。戦国有数の大激戦だった。

信玄に謙信を討つ機会はなかったのか。

信玄の出陣の目的は川中島に入った上杉勢を善光寺以北に押し戻すことで、もともと謙信の首が第一目標ではなかった。

川中島に出撃したときも、越後勢に打撃を与えて退却させたいと考えていただろうが、戦国最強の上杉謙信勢の壊滅までは考えていなかっただろう。

別動隊が到着し、守勢から攻勢に転じたときが謙信を討つチャンスだが、謙信は自ら動いて乱戦を指揮しており、謙信本陣の位置を探し出せなかった。

互いを討つ機会を逃した二人は、その後はこの「第四次川中島の戦い」のような直接対決がなく、それぞれが相手に妨害、牽制されて上洛もかなわず、信玄はこの戦いから十二年後の元亀四年（一五七三）に五十三歳で、謙信はその五年後の天正六年（一五七八）に四十九歳で亡くなった。

謙信がいなければ信玄が、信玄がいなければ謙信が京にその旌旗《せいき》を立てた可能性は高い。

両将の失敗——戦略から見た戦術の重要性

上杉謙信、武田信玄両将の戦いは痛み分けに終わったが、そうなった理由はともに〝渡河〟でつまずいたからだ。

両将とも、軍勢の渡河を安易に考えていたためか、信玄は気象条件を読めず霧の中の渡河に時間がかかり（側近にそれを注意喚起できる部将もいなかったので）、上杉勢の攻撃をもろに受けることになった。

謙信は序盤の戦いは制したものの、信玄の首を求めて独行していたためか、戦機を読むことができず、〝丹波の渡し〟への引き揚げ命令が遅れてしまった。（謙信は後備えの甘糟隊からの報告で、一万余という武田別動隊の存在は知っていただろうが、信玄をあと一歩まで追い詰めていたために、撤退の命令を出せなかったということか）。

敗勢になってからの退《の》き陣は難しく、〝丹波の渡し〟に向かった上杉勢はこのときに多く戦死者を出した。

両軍に戦意がなかったのでも、采配が的外れだったのでもなく、それぞれの損害はスムーズな〝渡河〟ができなかったことによって発生した。

〝第四次川中島合戦〟の痛み分けで、謙信、信玄両将はライバルに止《とど》めを刺す機会を失い、〝上洛〟への道を閉ざされた。

(名軍師山本勘助が実際に存在したのなら、朝霧の発生などは前日の気象条件や当夜の冷え込みから予測したはずだ。『甲陽軍鑑』が両軍の勝敗に関わった霧を重視しないのは、そうすると朝霧も予測できない軍師勘助の軍略、軍法を学ぶことを当時の武士が躊躇するからだろう)。

二　織田信長の戦い

——桶狭間と長篠の戦い、信長は戦巧者と言えるか

信長の合戦の中で、数千数万の軍勢が入り乱れた戦いで「完勝」したとされる例に桶狭間と長篠の戦いがある。

通説はいずれも信長が一方的に勝利したとし、その采配の見事さの証としている。

桶狭間は兵数一対十という劣勢をはね返した勝利だし、長篠は三対一と有利な兵数によっただけでなく、新戦術を駆使しての完勝だった。

この二つの戦《いくさ》について、**通説**はゆるぎないように思われるが、実際はどうだったのだろうか。

通説を検証しながら、信長の真実の姿と現代に通じるその戦術、戦略を浮かび上がらせたい。

桶狭間の戦い

奇襲ではなく豪雨が勝因

戦いの概略

永禄三年（一五六〇）五月、駿河、遠江《とおとうみ》を治め、三河も支配下に置く今川義元は尾張に向け遠征の軍を催した。

通説によると、戦いの概要は次のようになる。

今川軍は四万五千と豪語したが、実数でも二万五千という大軍だ。

すでに、尾張東部の沓掛城（豊明市沓掛町）、大高城《おおだか》（名古屋市緑区大高町城山）、鳴海城（同区鳴海町城）は今川の手に落ちて久しく、信長は大高、鳴海両城に付城《つけじろ》（敵城の監視や城攻めのための砦）を築いて、今川勢の進出を防いでいた。

五月十七日、義元は沓掛城に入った。

まず、大高城と鳴海城周辺の織田勢を一掃しなければならない。

すでに、大高城方面には、朝比奈泰朝（遠江掛川城主）の三千と松平元康（徳川家康）の二千五百が先行し、松平勢は大高城への兵糧運び入れに成功していた。

両勢は大高城の付城の丸根砦（大高城の東七〇〇メートル）と鷲津砦（同、北東七〇〇メートル）を攻めているが、両砦はそれぞれ織田勢数百人が守っているにすぎないから、十八日中には落ちるだろう。

義元本隊八千は十九日に沓掛城を出ると、大高道《おおだかみち》を西に進んで大高城に入り、その後は朝比奈、松平勢を先陣として、鳴海城を包囲する織田方付城の中島砦（鳴海城の南東六〇〇メートル）、善照寺砦（同東五〇〇メートル）、丹下砦（同北六〇〇メートル）を攻め落とし、熱田から清洲城（信長の居城）に向かう予定だ。

ほかにも数千の軍勢がそれぞれ義元本隊の後方や側方を固めて織田勢の反撃に備えていた。

織田家中は大騒ぎになった

織田家の重臣たちは清洲城に集まり、信長に対応策を尋ねるが、信長は出撃するでも籠城の準備をするでもない。なんの作戦も明示しなかった。

「重臣たちは運の尽きるときは知恵の鏡も曇るというが、このことかとなげいた」という。(『信長公記』の記述。近臣の太田牛一が信長の事績をつづったもので、一級史料とされる。このとき、信長は二十七歳)。

十八日には丸根砦が落ち、守将の佐久間大学らは討ち死にした。

十九日未明、信長は「人間五十年、下天《げてん》の内をくらぶれば、夢幻《ゆめまぼろし》のごとくなり。一度生を得て滅せぬ者のあるべきか」と敦盛を舞い謡《うた》うと(当時はやっていた幸若舞。自ら謡いながら舞った)、出陣を報せる法螺貝を吹かせ、五人の小姓と兵二百人を従えただけで出陣した。

熱田神宮で重臣たちの部隊が追いつくと、さらに南下し丹下砦をへて善照寺砦に入った。

その信長に、鷲津砦から立ちのぼる煙が見えた。鷲津も落ちたのだろう。

昼前に、物見から「義元、沓掛城を出て街道を進み、現在は桶狭間山で休息中」との報せがあった。(桶狭間山は名古屋市緑区桶狭間北の「桶狭間古戦場公園」付近か。他に、豊明《とよあけ》市の名鉄中京競馬場駅の南方の「桶狭間古戦場伝説地」との説もある)。

桶狭間山からは、織田勢が進軍してくれば見えたし、織田軍の進撃路となる林道(旧東海道沿い）には先備え《さきそな》（前衛部隊）の二千を配置して、織田勢の来襲に備えていた。

信長は鳴海城の抑えとして善照寺砦に守兵を置くと、およそ二千を率いて中島砦に向かった。義元本隊まで四キロの位置だ。

信長の攻撃進路

このあとの信長の進軍コースについて、かつては**迂回奇襲説**で説明された。『信長公記』の読み物版ともいえる『信長記』（作者は小瀬甫庵《おぜほあん》。江戸時代に刊行された）に記述があり、今川勢から姿を隠すために善照寺砦から北に大きく迂回し、丘陵を東に進んだあと一気に南下し、太子ヶ峰を越えて桶狭間の今川義元本陣を横合い（北側）から襲って義元の首をあげたとする。

この説は、織田軍の一方的な勝利となった戦いを説明するために創られたもので、攻撃は姿を隠しての進軍で、今川が予期しないものだから〝**奇襲**〟とされた。

現在では、迂回していると行軍距離は八キロ以上になり、途中には高さ三〇～五〇メートルほどの丘陵地帯もあるので三時間はかかり、合戦が始まったとされる午後二時ごろまでに桶狭間に着けないので、否定されている。

『信長公記』には、信長は善照寺砦に鳴海城の抑えとして千人ほどを置き、二千ほどの軍勢とともに、まず中島砦（善照寺の南四〇〇メートル）に入ったとある。

信長はこの中島砦で、物見からの情報を待ち、攻撃の最終方針を決めたと思われる。

正面攻撃・奇襲説では、中島砦を出た信長軍は林道をそのまま東へ進んで攻撃したとする。(攻撃路は江戸時代に整備されて〝旧東海道〟になるが、当時は林の中の農道といったものだったと思われる)。

だが、軍勢は先備えが本陣を守る態勢をとるから、信長勢がこの道を通る限り、否応なく桶狭間の前で今川先備えの二千人ほどと交戦することになり、義元の本陣を〝奇襲〟はできない。それでも、正面攻撃説を成立させる必要から、いろいろな理由が考えられた。

義元の先備え勢は乱取り(敵領に入った軍隊がする略奪)に行ったので、街道には少数の兵しか残っていなかった。このため、信長勢はさして抵抗されることもなく、義元本陣を襲えたという**乱取り・奇襲説**。(信長勢を目前にしている軍勢の大半が持ち場を離れて乱取りに行くとは思えないが……)。

また、強い雨が降ってきたので、今川の先備えは道沿いの林の中に入って雨を避けていた。このため、信長勢は無傷で通り抜け、無警戒の本陣を襲うことができた。だから、この攻撃は「奇襲」だとする**豪雨待避・奇襲説**もある。(林の中で雨を避けていたとしても、二千の織田勢が目の前を通れば分かると思うが……)。

信長の攻撃路が分からずに、歴史家が四苦八苦しているように見えるし、信長完勝の説明ができず、「奇襲」で勝ったことにしている。

桶狭間の戦いの真実

信長はなぜ二千ほどの軍勢で、二万以上ともいわれる今川勢に野戦を挑もうとしたのだろうか。これだけの兵力差があれば、清洲城で籠城するのが妥当なところだ。

だが、籠城すればどうなっただろう。尾張は五十万石ほどの大国で、戦時には一万五千人ほどの動員力であった。信長は桶狭間の戦い前年の永禄二年までに、敵対勢力を攻め滅ぼしたり、追放したりして尾張を統一したが、桶狭間当時、信長に従ったのは五千〜七千人といったところで、国内にはまだ信長に臣従しない国人領主が多数いた。

籠城戦に勝つためには、領内や他国からの同盟軍によって攻城勢を挟撃することが必要だが、新興の信長には尾張国内にそれと頼める勢力がなく、多くは模様ながめ。隣国にも同盟関係を結んだ領主がなく、籠城は孤立を意味した。出撃して今川勢を撃退するしか生き残る道がなかったことになる。

『信長公記』は、信長が善照寺砦から中島砦へ向かおうとしたとき、重臣たちは乗馬の轡《くつわ》を抑えて止めたという。

小勢で大軍に挑む無謀な戦いを（しかも、この時点では義元本陣の位置も分からないのに出撃するのを）制止したのだが、重臣たちの真意は、「籠城しても生きていさえすれば、時機を見て義元に降伏して（寝返って）本領を安堵することもできるから、こんなところで無駄死に

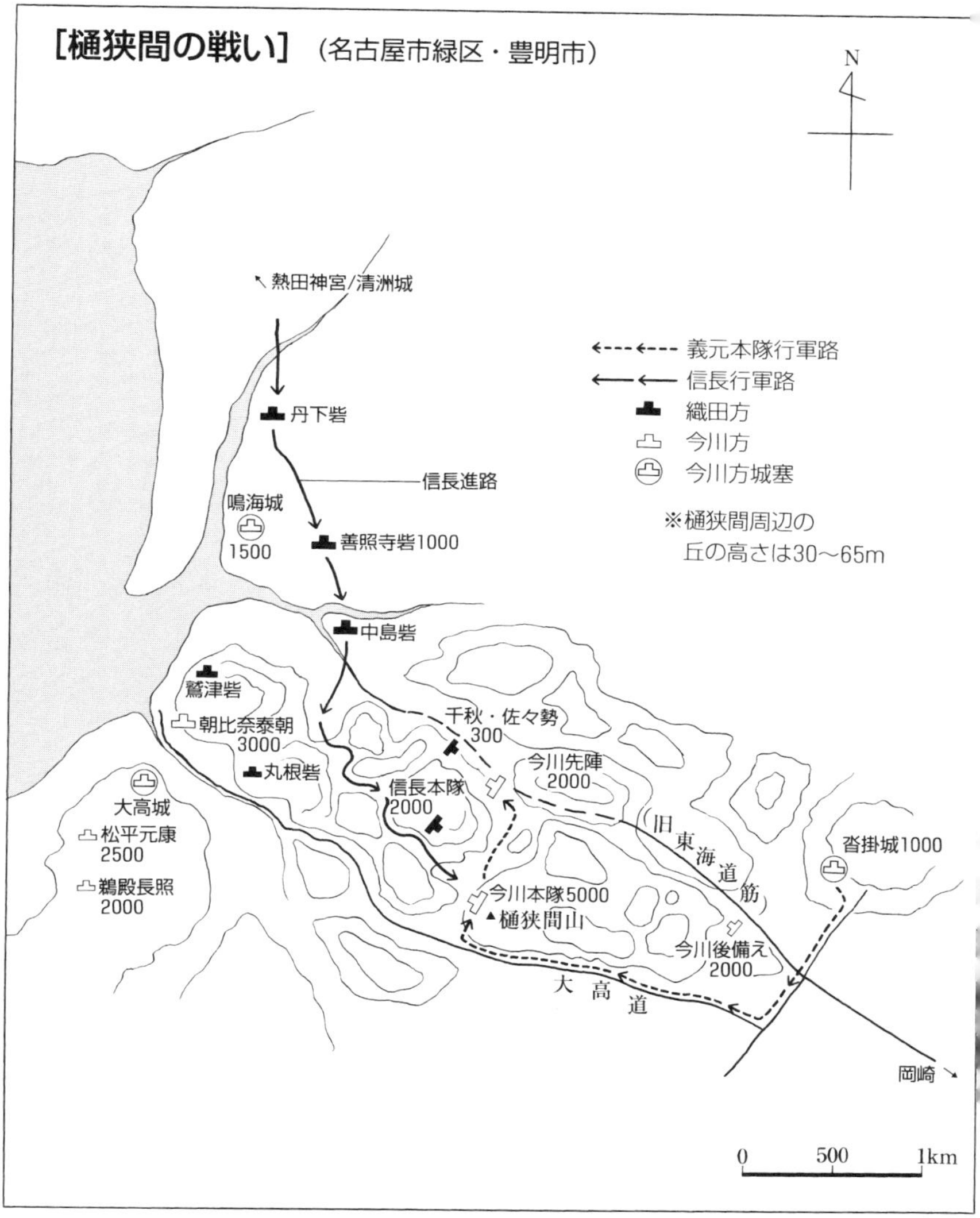

[桶狭間の戦い]（名古屋市緑区・豊明市）
N
熱田神宮/清洲城
義元本隊行軍路
信長行軍路
織田方
今川方
今川方城塞
※桶狭間周辺の
丘の高さは30〜65m
丹下砦
信長進路
鳴海城
1500
善照寺砦1000
中島砦
鷲津砦
朝比奈泰朝
3000
丸根砦
千秋・佐々勢
300
今川先陣
2000
信長本隊
2000
大高城
松平元康
2500
鵜殿長照
2000
今川本隊5000
桶狭間山
(旧東海道筋)
沓掛城1000
今川後備え
2000
大高道
岡崎
0
500
1km

はしたくない」だろう。

このとき、信長は檄を飛ばして部下を鼓舞したとある。

「相手は、夜通し行軍して大高城に兵糧を入れ、鷲津、丸根の砦勢と戦って疲れているから、いまが攻め時である。こちらが小勢とはいっても怖れることはない。勝敗は天が決めるもの。それを知らぬ者はなかろう。戦いでは、敵が出てきたら退け（待ち受けて討て）、敵が退いたら追撃し、全力で敵勢を倒し、追い崩すまで戦え。分捕りはするな（首や刀剣を盗ってはいけない）。この戦いに勝てば、戦った者は家の面目、末代まで名を残すことができる」

説得性に欠ける檄だが、分かるのは「決死の覚悟で戦え」などと命じていないことだ。永禄三年の段階では、まだ信長には臣下に「死ぬ気で戦え」などと檄を飛ばす力はなかったのだろう。

義元本陣の位置も分からなかった

この檄で、信長は攻撃の対象を丸根、鷲津砦を落とした今川勢（朝比奈、松平勢）としている。この段階では、義元がどこにいるのか把握できていないのだ。（**通説**は信長が義元本陣の位置を桶狭間と知っていたとして話を進めている）。

信長は物見から、義元の本陣勢が沓掛城を出て南下したあと、大高道に入ったまでは報告を受けていただろうが、どこまで進んだかは分かっていない。（大高道は旧東海道が整備されるまでの主要道で、豊明市阿野町大高道付近から桶狭間の南を経て大高城に達した）。

義元が大高道を進んだのは、大高城に入って朝比奈、松平、鵜殿長照（大高城の城代。義元の妹の子）勢などと合流し、善照寺砦などの攻撃手順を決めるための予定の行動だ。（兵糧の搬入時に、松平勢が損害を受けたので、先鋒を交代する必要もあった）。

義元が大高道を進んだ理由の一つに、彼が塗輿《ぬりこし》に乗って進軍していたこともある。塗輿は輦輿《れんよ》（漆塗りで屋根がある）で、朝廷から許された公家だけが使えた。義元も許されていたというが、権威を誇示するために乗っていたとも脚を痛めていたからともいう。輿は轅《ながえ》という二本の棒の上に台を置いて人力で運ぶが、前後に長く横幅もあるから、狭い林道や山道の通行はできない。

義元が沓掛から南下して阿野町からは旧東海道筋を進んだとする説もあるが、途中で丘の間を回る山道になり、大高城に向かうために南に折れると、これも丘の間を通らなければならない。輿で移動したとすれば、大高道を進んだと考えられる。

それに、無理に林間を行くと、輿は木陰に隠れた弓や鉄砲の攻撃目標になり、義元の警護が難しくなる。距離も二キロほど遠回りだ。（輦輿はもともと都大路を貴人が通行するときに使ったもので、轅を肩に担ぐのが決まりだから、余計、弓、鉄砲の標的になる）。

待望の情報が入った

『信長公記』には、信長が善照寺砦に入ったときの出来事として不思議な文がある。
「信長が善照寺砦に入ったのを見て、佐々隼人正、千秋《せんしゅう》四郎が三百ばかりを率いて、足軽に義元本陣へ向かったが、反撃され、千秋、佐々をはじめ五十人ほどが討ち死にした。義元はこれを見て、心地よしと悦んで謡をうたい、そのままゆうゆうと、（桶狭間山で）陣を敷いていた」というのだ（「足軽に」はすばやい行動での意）。

佐々らは信長の父信秀以来の家臣だが、なぜ先駆けしたのかは分からず、「功をあせって猪突猛進した」とか「失敗をつぐなおうとした」などと説明されてきた。

だが、彼らが義元本陣の位置を確かめるために、「威力偵察」（強行偵察ともいう。後世の軍事用語）の役を担《にな》ったとすると謎は解ける。通常の偵察は姿を隠して敵情を探る「隠密偵察」だが、威力偵察は交戦覚悟で敵勢の布陣や本陣の位置を確かめる。

彼らが勝手に威力偵察をした（今川の先備えに一当たりして、その守備力を試した）とは思えないから、信長の命令によるものだ。『信長公記』には、彼らがなぜ突撃したかの説明はない。

信長は彼らの出撃を見てから、最前線の中島砦へ移った。

中島砦で、信長は戦機をうかがうが、物見も威力偵察の武士も戻らず、義元本陣の位置が分からない。しびれを切らした信長は中島砦を出て南へ四〇〇メートルほどの丘の端まで陣を進めた。このままだと義元本陣の位置が分からないままに、鷲津砦（鷲津山）へ向かうしかない。

ここで、物見が駆け戻り、義元本陣の位置を報告した。

物見は、桶狭間山で義元が昼食をとると見定めてから、今川の先備え勢を避けて、山中の道をおよそ四キロ、三十分ほど走って中島砦に戻る途中で信長本隊に出会った。（佐々、千秋の家臣が戻って今川先陣勢の位置と人数を報告したとも思える）。

先陣勢を避け、義元本陣を直接襲いたい信長には有力な情報だ。（戦いのあと、信長家臣で九之坪《くのつぼ》城主の簗《やな》田《だ》政綱が一番手柄とされたという。情報をもたらした物見が政綱の配下だった可能性もある）。

信長は、攻撃目標を鷲津砦（今川方先遣部隊）から桶狭間山の義元本隊に変えた。

義元の居場所が分かった

桶狭間は中島砦から南東へ四キロほどだ。

信長が物見から受けた第一報は「桶狭間山では、義元本陣の小姓衆が〝丸に二引〟の陣幕を張っております」といったものだろう。
○の中に二本の横線がある〝丸に二引〟の家紋は今川家のもので、わざわざ陣幕を張るのは、義元がそこで止《とど》まって昼食をとると分かる。
義元が桶狭間山に本陣を置いたのは、眼下に布陣する先備え勢だけでなく、その先も見通せるからで、信長勢が攻撃してくれば分かるからだ。大軍とはいえ、周囲の警戒は十分にしている。（桶狭間山は桶狭間にある山の意で、この辺りにある丘のどれかは特定できない）。

今川本陣勢を追尾していた織田の物見は義元が行軍を止め昼食をとると分かってからは次々に義元本隊の動きを信長に伝えたと思われる。（彼らの帰路がそのまま信長勢の攻撃路になった）。

物見や佐々、千秋勢の家臣からの敵情報告については、戦いの行方を決めた重要な情報なのに『信長公記』には記述がない。探索方が軽く見られていたのと、信長の情報収集と伝達方法などについては側近の太田牛一も知る立場ではなかったのだろう。

（鷲津砦の織田玄蕃隊と丸根砦の佐久間大学隊などのそれぞれ数百人、それに威力偵察の佐々隼人正と千秋四郎隊の数十人はいずれも捨て石だった。砦勢数百は今川勢数千を引き付けるから、今川本隊の守りを削る効果があった。信長が玄蕃や大学を見捨てた理由だ）。

信長出陣

義元は桶狭間山で昼食をとり、山際の林道沿いなどに布陣した先陣勢も昼食となった。正午ごろのことだ。

『信長公記』には、義元は「十九日午剋《ごこく》、戌亥《いぬい》に向けて人数を備え」とある。午剋は十一〜十二時。戌亥は北西で、桶狭間山から見て善照寺、中島砦方面にあたる。義元は織田勢が攻撃してくるケースも想定して、先陣勢を布陣させたと思われる。

義元自身は「鷲津、丸根砦の攻略に大満足で、〝おけはざま山〟で謡を三番、うたった」というが、その後千秋、佐々勢などを撃退して、また謡をうたったという。（信長も清洲城からの出陣時に謡をうたったというから、当時の武将にとって謡は戦勝祈願になったのだろう）。

中島砦を出て南進して丘の端にいた信長勢は義元本陣を突こうと丘陵地帯に入り、東に向かった。

この進軍路が信長に幸いした。

今川先遣部隊の朝比奈泰朝勢の布陣する鷲津砦は丘陵（鷲津山）にあり、その北の端に立てば、中島砦から出撃する織田勢の動きが見える。

泰朝は物見から信長勢が中島砦から出て南下したあと、丘に入ったと報告を受けた。（このあたりは現在も諏訪山、漆山、茶臼山など、「山」の付く地名が多くある。丘の連なる地帯だったと思われる。桶狭間山の西にも幕山、巻山、殿山などの地名がある）。

泰朝は信長勢が山道を登り、鷲津砦を攻撃してくるとみて、軍勢を東に向けて備えた。出撃しなかったのは、山中で戦うより、土塁、柵のある砦に拠って迎撃したほうが有利だからだ。信長勢の出陣は泰朝から大高城に伝えられ、鵜殿、松平勢もそのまま大高城で迎撃の態勢を取った。

この泰朝の判断で、信長は期せずして、朝比奈勢三千と鵜殿二千、松平勢二千五百の計七千五百の軍勢を鷲津砦と大高城に足止めすることができた。（後方から襲われることがなかった）。

信長勢は丘陵の中を進んだ。

このあたりは明神の森と呼ばれ、樹木が密生していたから四方から姿は見えないが、といって、二千の軍勢の隠密移動は容易ではない。どのようにひもを締め直しても、二枚胴の蝶番《ちょうつがい》は動くたびに音を立て、長柄（槍）は具足に触れて音を出した。

もし今川勢に気づかれれば、織田勢は佐々、千秋勢を蹴散らしたばかりの今川先備え二千に横合いから攻撃され、前面には今川本隊の弓、鉄砲隊が待ち構えている。義元本陣の桶狭間山まで達することはほぼ不可能だ。

桶狭間の戦いを決めた豪雨

このとき、中島砦を出たときから降り出した雨が強くなった。

雨は海からの強い風に乗って篠突くほどになり、信長勢を今川勢の視界から隠し、音も消した。風は西から吹き（海風）、信長勢にとっては追い風になり、今川勢にとっては向かい風となって雨粒を顔面に打ちつけた。今川の兵はたまらず林間に雨を避けた。

この豪雨と強風は『信長公記』に「にわかに降り出した雨が石氷を投げ打つように、敵勢の顔を打ち、味方には後ろから降りかかった。（風も強くて）沓掛の峠の二抱えも三抱えもある楠が（西からの強い風のために）東に向けて倒れた」と記されているのだが、従来はなぜかこの記述は重視されなかった。

織田の二千は強風と豪雨に背中を押されて丘陵を走り抜け、桶狭間山の真下に出た。このころ、雨脚が弱くなったというが、林間に雨を避けた今川本陣勢はまだ義元警固の陣形をとっていない。午後二時ごろのことだ。

信長は軍勢が五十、百人とまとまると、「狙うは義元の首ひとつ」と指示して、山を駆け上がらせた。

義元本陣では、本陣馬廻りが小頭、組頭を呼び寄せ、出立のために陣立てを戻そうとしていた。（義元本陣勢は山裾を取り巻く布陣を解いて、それぞれが木立の陰に入り、強い風と雨を避けていたと思われる）。そのとき織田兵の喚声が聞こえた。

義元勢は、織田勢が数キロ先にいると知ってはいたが、このような天候の中で軍勢が移動できるとは思ってもいなかっただろう。

このあたりの丘は街道からの高さが三〇～四〇メートルほどだ。そこを織田の足軽が槍を揃えて駆け上がってくる。それを義元本陣勢は前衛となる長柄（槍）衆が揃わないままで迎撃することになったが、集団で突進する織田長柄衆の勢いには敵わない。突き立てられ、織田勢の前進を止められなかった。

義元は塗輿を捨てて逃げたという。三百人ほどの旗本が守って東に向かったが、追いかける信長勢に次々と討たれ五十人ほどになった。

織田勢はなおも突進した。

本当に都合よく豪雨があったのか

織田を勝利させた強い雨と風は本当にあったのだろうか。

通説は都合よく強い雨が降ったと書くと、真実性が薄れると考えたのだろう。合戦の勝敗のカギが天候にあったとはしていない。

合戦の当日、永禄三年五月十九日は現在の暦では六月中旬にあたる。梅雨が本格化する時季だ。名古屋周辺では梅雨前線や秋雨前線の停滞する時期に、何年かに一回の割合で豪雨がある。大気中の水蒸気がすべて雨になっても降水量は二〇~三〇ミリにしかならず、大雨はそれに湿った空気が大量に補給されて降るという。

桶狭間の雨は、気圧配置の影響で強い西風が起こったため、海から温かくて湿った大気が補給されて大量の雨を降らせたものだ。

二時間ほどで上がったので、「集中豪雨」クラスだ。(集中豪雨の基準はないが、一〇~数十キロの範囲に、一時間で五〇~一〇〇ミリ以上の雨が降るケースを呼んでいる)。

『信長公記』に、強風と豪雨があったと記されているのに、**通説**はこの大雨を見逃してきた。信長の成功を偶然の雨ではなく、彼の軍事的天才によるとしたいからだろう。

急な雨を認める人の中にも、信長の天才性を保ちたいとの考えからか、「信長は(雲の様子を見て？）強い雨になることを予想していた」とか「事前に地元の漁師から、間もなく豪雨になると聞いていたのだろう」などとする。

空が暗くなれば、「雨になる」くらいは予測できただろうが、戦局を左右するほどの強風が吹き、豪雨が都合よく降るとの予測は無理だ。（強風は西から吹いて信長勢の背中を押し、豪雨は信長勢の進軍を隠し、いざ義元を討とうというときには止んだ。豪雨がつづいていれば、義元はその雨に隠れて逃げられたとも思われる）。

「ゲリラ豪雨」（俗称。短時間、局地的に降る大雨をそう呼んでいる。降雨時間は一時間ほどで、降る範囲も一〇キロ四方ほど）ともいえるが、ゲリラ豪雨は最新の観測技術をもってしても予測できないというから、〝天気予報に長じていた？信長〟でも〝土地の漁師〟でも予測不能だろう。

桶狭間の戦いについては、豪雨には目を向けずに、もっぱら信長の「奇襲」攻撃による勝利とする説が唱えられてきた。

奇襲とは相手が予想しない時刻、方法、場所で攻撃することと定義される。

今川勢は信長勢の攻撃に備えて陣を敷いているし、時刻は真っ昼間で、武器も弓、槍、刀と通常のもので、しかも正面から本陣を攻撃して勝利したのだから奇襲とはいえないだろう。

大雨を衝《つ》いての攻撃だが、大雨は攻撃の途中から降り出し、事前に予測したものでないから、〝信長の豪雨を見越しての奇襲攻撃〟とするのも無理だろう。

いまだに豪雨を認めないままで、「奇襲説」を採る論者が多い。

長篠の戦い

三段撃ちも騎馬軍団も作り話

通説によると……。

天正三年（一五七五）五月、甲斐、信濃を領する武田勝頼は一万五千の軍勢を率いて東三河に侵入し、吉田城下（愛知県豊橋市）などを荒らしたのち、長篠城（三河国設楽郡長篠。愛知県新城市）を囲んだ。

勝頼の父信玄が亡くなったのは二年前の元亀四年（一五七三）四月だが、勝頼は信玄没後も武田家当主として力量を誇示するように活発な軍事行動を継続した。（元亀四年は七月に改元し、天正元年となった）。

天正二年正月には東美濃に侵入、織田に属する諸城を落とし、岩村（岐阜県恵那市岩村町）に軍を進めて、二月には織田方の明智城（恵那市明智町）を囲み落とした。

信長は数万の軍勢を率いて明智城の救援のために出陣したが、城内に内通者が出て落城したので間に合わなかった。

同年五月、勝頼は東に矛先を変え、徳川方の高天神城《たかてんじん》（静岡県掛川市大東町）を囲み六月に開城させた。

信長は家康の要請に応えて後詰《ごづめ》の軍（救援軍）を出したが、畿内の混乱で出陣が遅れ、間に合わなかった。

本気で救援する気があったかは疑問だが、信長も武田勢の強さは認識していたから、勝つためには戦場を選んだ上、戦法を工夫して戦わねばならないと考えていただろう。

火縄銃の三段撃ちと騎馬軍団

今度は信長も本腰を入れざるを得ない。勝頼が長篠城を落とせば、次は徳川の東三河の拠点、吉田城（豊橋市今橋町）を攻撃するだろう。吉田城が奪われれば、徳川は岡崎城と浜松城の間に楔《くさび》を打ち込まれる。そうなれば、徳川に与《くみ》していた小領主たちが武田の傘下に走るだろう。

吉田城は元亀二年（一五七二）にも武田勢に攻め込まれている。そのときは城下に迫った武田勢を城将酒井忠次と東三河衆が奮闘して追い返し、事なきを得ていた。

五月十三日、信長は三万の軍勢を率いて岐阜を発ち、十八日には徳川勢とともに、長篠城の西の設楽ヶ原に布陣した。

信長は強力な騎馬隊をもつ武田勢を迎え撃つため、陣の前には丸太の柵（馬防柵）を連ね、柵の前には切り岸（柵から陣の前の連吾川への斜面を削って垂直にしたもの。武田勢を人馬ともに柵に近づけさせないための工夫）を造った。

これらの防御策は武田騎馬隊（騎馬軍団）の威力を十分に知っていた信長が考え出した戦術だ。

二十一日、日の出とともに、武田勢は織田陣へ攻め寄せた。それは勇壮なもので、千余の騎馬兵が先頭に立って柵際に迫った。柵を倒して織田・徳川陣内に突入しようとの策だ。

武田の騎馬攻撃戦法を予想していた信長は柵内に三千の鉄砲兵を三段に並べ、各段が交互に射列の前に出て撃つとの戦法をとった（三段撃ち）。

信長だから考えついた画期的な新戦術で、千の鉄砲が交代で一斉に火を噴き、それは途切れることなくつづいた。

武田騎馬軍団はこの戦法で一気に壊滅し、武田勢は一万余の損害を出し、勝頼はほうほうの体で高遠、海津城をへて甲府に逃げ戻ったと……長篠の戦を書いた合戦記はいう。

三段撃ちも騎馬軍団もなかった

三段撃ちや騎馬兵の突撃は小瀬甫庵の『信長記』に出てくるもので、実際に可能かどうかの検証のないままに、さまざまな史書、読本で採り上げられ、いつしか史実として通用したと見られる。

現在は、鉄砲の三段撃ちも騎馬軍団の存在も否定されている。

[長篠・設楽ヶ原合戦図]

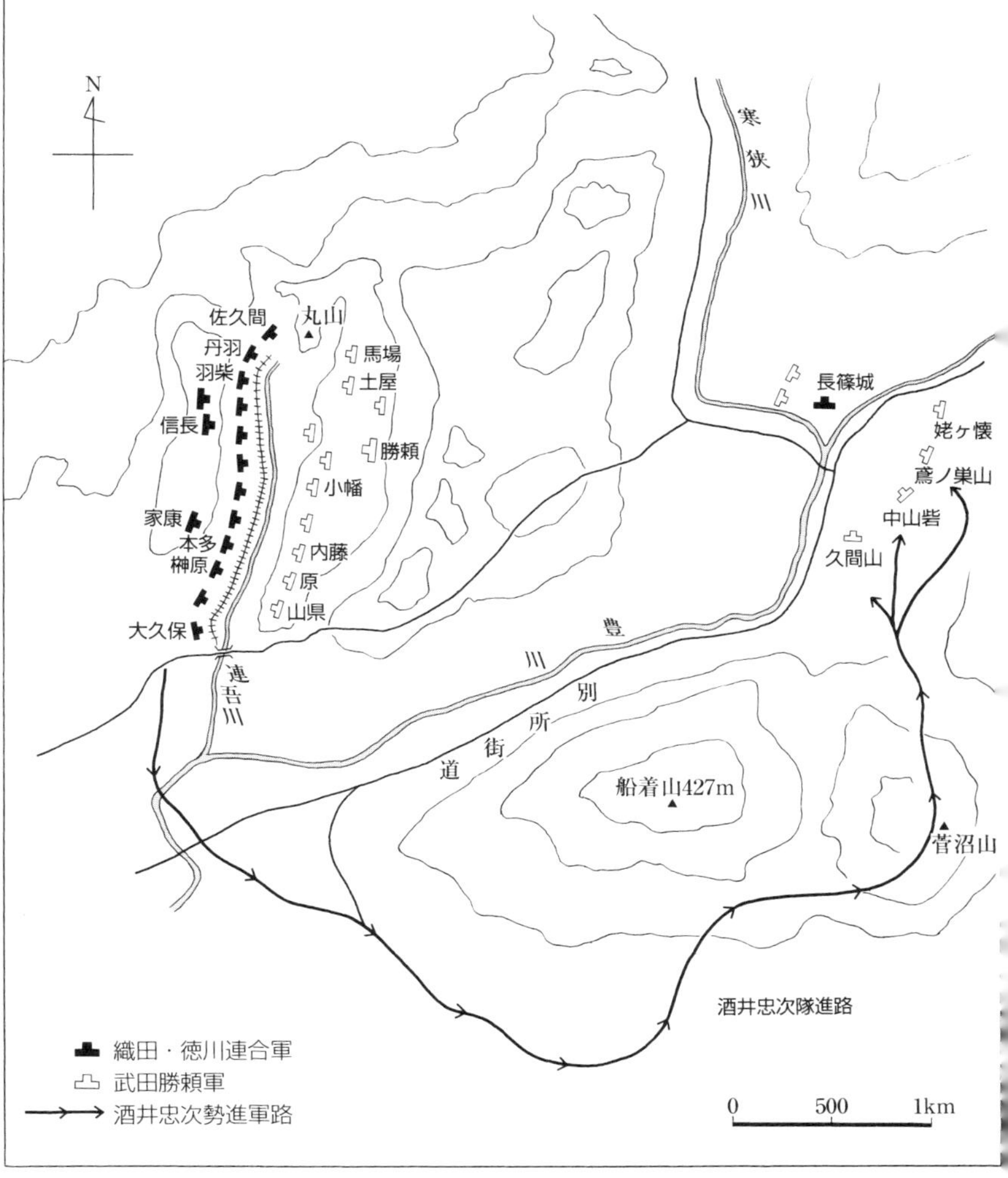
N
寒狭川
佐久間
丸山
丹羽
羽柴
信長
家康
本多
榊原
大久保
馬場
土屋
勝頼
小幡
内藤
原
山県
長篠城
姥ヶ懐
鳶ノ巣山
中山砦
久間山
豊川
連吾川
別所街道
船着山427m
菅沼山
酒井忠次隊進路
織田・徳川連合軍
武田勝頼軍
酒井忠次勢進軍路
0
500
1km

三段撃ちは甫庵の頭の中で生まれた戦法だ。

火縄銃は、撃ったあとは弾込めに一分以上の時間がかかる。（熟練者なら、早合《はやごう》という弾と火薬を一体化した包みを使って、発射から二十秒で次の射撃ができるというが、銃弾が飛び交い、敵の長柄（槍）衆が突進してくる実戦の中では、二十秒で弾込めして狙いを定めて発射するのは無理だ）。

発射から一分で次の射撃ができるなら、銃隊を三段にすれば、二十秒間隔で発射できる計算で、〝三段撃ち〟も可能だが、武田方の将兵が三千丁もの鉄砲が待ち受ける柵に向かって、全身をさらして一斉に前進したとは思えない。（連射したいなら、銃手は固定し、他の二人が弾込めをして渡すほうが時間的に早いが……）。

三段撃ちする三千丁の鉄砲に向かって突進すれば、数回の一斉射で数百の犠牲が出るだろう。戦いは数分で終わってしまう。武田勢がそんな自殺同然の攻撃をしたとは思えない。（一斉射をものともせずに突撃する足軽勢という場面を現代人が受け入れたのは、米軍の機関銃が乱射される中へ突撃する日本兵という先の大戦での戦闘場面がイメージとしてあるからだろう）。

一斉射にこだわるのは勇壮な戦記物語を作りたい甫庵の夢想にすぎない。

現代の映画やテレビドラマの合戦シーンでは、柵から突き出された何十丁もの火縄銃の銃口が一度に火を噴くという場面が映し出される。これも一斉射のほうが画面に迫力が出るからで、史実を映像化したものではない。

甫庵も事実に即して書こうという気はなく、勇壮な合戦絵巻を描いて読者を満足させようとしたのだ。甫庵も現代の映像作者も考えることは同じということか。

鉄砲の数はどれくらいか

『信長公記』には、鉄砲の数は「千丁ばかり」とある。あるみ（有海）原に千丁で、迂回攻撃の別動隊（後述）に五百丁を回したので、合わせて千五百丁ということか。（戦闘が行われた場所を『信長公記』は、あるみ（有海）原としている。有海は地名で、設楽ヶ原の西部を指したもの）。

千丁と記載されているのは甫庵も知っていたと思われるが、千丁で三段撃ちをすると、一段あたり三百丁余りになる。戦線は南北二キロなので、〝六メートル当たり一丁〟になって〝迫力ある銃撃場面〟にならない。それで三千丁（二メートル当たり一丁）と脚色したとも思われる。

千丁は信長直率部隊の鉄砲の数で、信長旗下の佐久間、羽柴、滝川隊などはそれぞれ別に鉄砲を持っていたから、織田勢の鉄砲の総数は三千丁になるとの説もある。

だが、『信長公記』に「（信長は）高松山という小高い丘に登って敵の陣構えや動きを見て、自分の下知によって攻撃するように厳しく命令し、千丁ほどの鉄砲兵の現場指揮官を佐々蔵介（成政）、前田又左衛門（利家）など五人の近臣に命じた」との記述がある。

鉄砲の数が多くなかったので、高所から戦況を見て、自ら有効な指揮をしようとしたものと思われる。（側近の馬廻りが前田など現場指揮官へ命令伝達をした）。

前記の通り戦線は南北二キロほどなので、三千丁の鉄砲があれば、各部隊がそれぞれに鉄砲を使って武田勢と対峙できただろう。

鉄砲の数が千丁と少なかったので、信長が一括して指揮したものと思われる。

長篠の戦いの真実——騎馬軍団はなかった

甲斐は馬の産地で、武田勢に馬が多かったのは事実だが、それは長距離の遠征が多く、武具や食料の運搬に馬が必要だったとの事情による。

馬格も当時の馬は現在のポニーほどで、騎馬兵は鎧、兜で、騎上槍を携えていたから、その武士を乗せて荒野を疾走できたとは思えない。（現在のサラブレッドならスピードはあるが、逆に足が弱く、悪路を走れば、くぼみに足を取られてすぐ骨折してしまう。スタミナも長距離走には向かず、部将が馬で戦場を走り回って指揮するなどはできない）。

映画やテレビドラマで描かれる騎馬集団の疾走は平坦な場所で行われている。実際のあるみ原は南北二キロ、幅は二〇〇メートル前後だが、凹凸があり馬の疾走には適さない。

設楽ヶ原だけでなく、関ヶ原、三方ヶ原など、戦国時代に大合戦が行われた〝原〟はいずれも凹凸があり、〝騎馬軍団の疾走〟は物理的にも不可能だ。

武田の騎馬兵の数

武田軍にはどれほどの騎馬兵がいたのだろう。

元亀二年（一五七一）に、武田兵庫助信実《のぶざね》（信玄の弟、信虎の七男。長篠の戦いで討死）に与えられた軍役状によると、知行三百九十七貫余で、軍役は二十八人（内訳は騎乗三、鉄砲五、弓二、槍十五、旗持ち三）が義務付けられている（『武田軍記』小林計一郎著、朝日文庫。二十八人という数は千〜千五百石ほどの武士の軍役に相当する）。

あるみ原に向かった武田軍の総数を一万ほど、戦闘員である武士、足軽を五千人として軍役状の数をあてはめると、騎乗五百三十、鉄砲八百九十、弓三百六十、槍二千六百八十、旗持ち五百三十人となる。（一門衆、譜代衆など各部隊で、鉄砲の装備率はばらつきがあったと思われる）。

騎馬武者数も鉄砲兵の数も少ないとは言えない。装備率でいえば、織田軍を上回っている。これが〝戦国最強〟といわれた武田勢の強さの一因だろう。

騎馬兵が多いので、五百三十騎が一団となれば「騎馬軍団」と呼べるが、彼らはまとまって攻撃したのではなく、各部隊（山県隊、武田信廉《のぶかど》隊など）で、長柄衆、鉄砲衆などの部隊指揮や主将の護衛、伝令役をする馬廻り役をつとめた。

戦法も全部隊が柵に向かって同時に攻撃したのではなく、先手山県隊、二番手信廉隊、三番手小幡党と順に攻撃した。それが当時の戦闘方法だった。

馬上衆が相手陣に攻め込むのは、鉄砲、槍の先手足軽衆が敵を圧倒したときで、攻撃時に騎馬で先頭に立って進めば、敵の弓、鉄砲のかっこうの目標になった。

馬入るべき行《てだて》にて……

『信長公記』には、武田勢の攻撃について、「まず、山県三郎兵衛隊が押し太鼓を打って懸《かか》り来たが、鉄砲で散々に打ち立てられて引き退《の》いた。次に、逍遥軒《しょうようけん》（武田信廉、信玄の弟）隊が入れ替わった。かかればのき、退けば引き付けとの信長のご命令のごとく鉄砲を撃ったので、過半がうたれて引き揚げた」とある。

騎馬隊も騎馬軍団も登場しない。

通説はこのあと「三番に西上野小幡一党、赤武者にて入替り懸り来る。関東衆馬上の功者《こうしゃ》にて、是又馬入るべき行にて、推太鼓を打って懸り来る」（傍点筆者）とあることから、武田勢は山県、信廉、小幡隊とも、騎馬で攻撃してきた（騎馬で柵内に入ろうと攻めてきた）と解釈する。（これが「騎馬隊」、さらに拡大解釈して「騎馬軍団」に結びついた）。

だが、『信長公記』の「行」（てだて）の用法からすると、そのようには解釈できない。

桶狭間の戦いの前夜に、信長の周りに重臣が集まったが、「軍《いくさ》の行《てだて》は努々《ゆめゆめ》これなく、色々世間の雑談迄にて、既に深更に及ぶの間、帰宅候へと御暇下さる」とある。「行《てだて》」は戦《いくさ》の〝段取り〟のことで、〝明日の戦いについて、各部隊がどこをどう攻めるかなどの指示があるのが当然なのに、信長は世間話をするだけだった〟との意味だ。

また、永禄十二年の巻には「(三好党が) 門前焼払ひ、既に寺中へ乗入るべきの行《てだて》なり」とある。三好党が決起して京本圀《ほんこくじ》寺の足利義昭を襲い、寺を囲んで攻め込もうとしたが、義昭や明智光秀などが奮戦して撃退した戦闘のことだ。

これも〝門前を焼払って、寺の中に攻め込んだ〟のではなく、〝寺に討ち入るための段取りとして、門前を焼払った〟の意だ。(門前の柵、矢楯などの防御物に火をかけたということ。実際にも、三好党は寺の中には攻め込めなかった)。

すると、「関東衆馬上の巧者にて、是又馬入るべき行にて、推太鼓を打って懸り来る……」の文も、〝小幡党は騎馬武者による攻撃が売り物だったので、馬上衆を柵内に乱入させるための段取りとして、(足軽が柵を壊そうと) 攻めかかってきた〟の意となる。

実際の戦闘は柵に拠って銃撃する織田方に対して、武田方は弾除けの竹束をもった鉄砲兵が前進して応射し、何ヵ所かで柵に取り付いたものの、確保はできなかった。

小瀬甫庵が創作した〝三段撃ち〟も影響し、設楽ヶ原 (あるみ原) の合戦は鉄砲が騎馬隊を制した戦いのように言われてきたが、実際は〝柵〟に拠った織田の鉄砲隊が武田の鉄砲隊を制した戦いだった。

全面に柵を設けた信長の作戦勝ちだ。

（信長は武田の三倍もの軍勢をもちながら、設楽ヶ原では〝専守防衛〟に徹した。桶狭間以降、信長の戦い方は「美濃攻略戦」「上洛戦」「浅井、朝倉戦」と進むにつれて、勝つか負けるかの決戦主義が徐々に姿を消し、勝利第一の慎重な戦い方に変化している）。

長篠の戦いの勝因

通説は三千丁の鉄砲説や騎馬軍団説は否定するものの、信長が設楽ヶ原（あるみ原）に柵を設け、千丁の鉄砲を用意して必勝の態勢を作り上げているところに、無謀にも武田勢が戦いを挑んだので、一方的に鉄砲で撃たれ、大損害を受けたとしている。

あるみ原の織田勢三万の鉄砲数を「千丁」（『信長公記』の記述）とすると、武田勢一万も軍役状からの計算では八百九十丁だから、あるみ原には（長篠城包囲陣の鉄砲を除いて）、五百丁ほどの鉄砲は配置されたと思える。

千丁対五百丁とすると、織田方が銃撃戦では優位だが、といって一方的に武田を圧倒したとも思えない。

ポイントはその使用方法で、信長は元亀二年（一五七一）の伊勢長島一向一揆戦（柴田勝家、佐久間信盛勢などを率いて一揆の拠点願証寺を攻撃するが、攻めきれずに兵を返す途中で、一揆勢の鉄砲に襲われ、氏家卜全《ぼくぜん》ら多くの死者を出した戦い）や同三年の三方ヶ原の戦いでの敗戦で、鉄砲の有効使用が戦の帰趨を決めると悟ったと思われる。

鉄砲が使用されるようになった当初は、まず鉄砲衆が前進して敵の先陣勢と撃ち合ったのち、長柄（槍）衆が突撃して敵勢を崩すという方式だった。

鉄砲を撃ち合うのはほんの数発だけ。弾込めする間は無防備だったので、敵勢が近づけば後方に退いてしまう。城に拠らない野戦では、鉄砲を有効利用しているとはいえない状態だった。

信長はこの銃撃戦の欠点を補うために、部隊の前面に柵を連ねることを考え出した。

これなら敵の長柄（槍）衆が押し寄せてきても、柵が前進を阻むから、鉄砲衆は射撃をつづけることができる。鉄砲を初弾だけでなく、何発も使えるのだ。

序盤の勝敗を決めたのは鉄砲ではなく、鉄砲の有効利用ができた〝柵〟だった。

勝敗を決めた作戦

武田勢も無謀な突進をつづけたわけではない。

竹束を楯にして進み、柵内の織田勢を狙ったから、戦況は一進一退を繰り返した。（武田には石を入れた袋を竹束で囲んだ防弾楯があり、二〇～三〇メートルの至近距離からの弾丸でも防げたという）。

では、武田の敗因はなんだろう。

決戦の前に、家康重臣の酒井忠次が長篠城を囲んでいる武田方の砦群を後方から攻撃する策を提案したという。

『信長公記』は、立案したのは信長としているが、定説は酒井の発案を信長が採用したものとする。

信長は酒井忠次を大将として、徳川勢二千ばかりと織田勢からの鉄砲兵五百を含む千の合計三千の指揮を任せた。

酒井らは五月二十日戌《いぬ》の刻（午後八時ごろ）、あるみ原の陣を出ると、南の大野川（豊川）を渡り、船着山の山裾に入って姿を隠し、山塊に分け入って山道をたどり、砦を攻撃できる地点に布陣し、翌二十一日辰の刻（午前七時ごろ）に砦群（鳶ノ巣山砦、中山砦など五砦）を一斉に攻撃した。

五砦は山上にあるが、砦の後ろは急な崖になっている箇所が多く、砦勢は後方からの攻撃を予想していなかったという。（通常なら、三千もの軍勢の接近を砦勢が気づかぬはずはない。強風などで音が消された可能性などが考えられる）。

酒井率いる連合軍は数百丁の鉄砲を放《はな》って攻めかかり、一進一退ののちに武田勢を砦から追い落とすと、長篠城に入り、今度は城勢とともに攻城の武田勢を攻撃し、武田の陣小屋を焼くなど周辺の武田勢を一掃した。

酒井は徳川家の重臣筆頭で三河吉田城主。東三河の旗頭として松平の一族や国人領主を束《たば》ねていた。率いる軍勢は徳川の最強部隊といえるが、酒井は長篠周辺の地勢に明るい地侍や猟師、農民を使って、大軍が山道を移動する攻撃計画を成功させたと思われる。

夜明け前に武田方砦を攻撃するには、夜間に山中を行軍しなければならないし、しかも相手が武田勢となれば、よほどの指揮能力が要る。酒井は織田、徳川の混成軍を率いて、その困難な作戦を成功させた。

追い詰められた勝頼

あるみ原の武田勝頼に、長篠城の抑えの砦勢が織田、徳川連合軍に襲われて退却したとの報せが届いた。午前十時ごろのことだ。

勝頼は腹背に敵勢を受けることになった。

通説はこのとき、重臣たちの引き揚げの提案に勝頼が従わなかったというが、武田勢の大敗北を勝頼個人の判断ミスにしているように思われる。

だが、退《の》き陣（退却戦）は難しく相当の損害を出すことになる。織田・徳川勢は武田の息を止める好機と追撃してくるから、殿軍《しんがり》をつとめる部隊（千〜二千人ほど）の全滅を含め、他の部隊も多くの損害を覚悟しなければならない。一方的な負け戦《いくさ》となる。

これに対して、あるみ原の織田勢と決戦するというのはどうだろう。

柵があるから損害は多くなるが、同じ損害を出すなら攻撃するほうがいいとも思われる。一ヵ所でも柵を破って乱戦になれば、「戦国一の強兵といわれる甲州勢の前に織田、徳川連合軍は逃げ足となる」とも考えただろう。

これがこの時点での、勝頼だけでなく、主要部将の考えだったと思われる。

武田大敗北

設楽ヶ原では武田が攻勢に出た。

左翼では山県隊が攻め上がった。(山県隊は武田の先陣として、すでに夜明けとともに柵を攻撃し、二割ほどの軍勢を失い、千ほどになっていたという。仮に二百人が死傷したとすると、戦国合戦での死傷率としては尋常ではない)。右翼からは馬場信春、穴山梅雪隊などが、中央からは武田信廉、内藤昌豊が進んだ。

激戦になったが、織田の柵を越えられない。

まず、自ら鉄砲衆を鼓舞して前進した山県昌景が顔面を打ち抜かれて死亡。右翼の馬場信春は柵を破り、織田陣に入ったが、すでに味方は少数となり、攻撃拠点を確保できなかった。それでも信春は、勝頼が安全に退却するまではと奮闘し、力尽きて討たれた。

彼らは、勝頼が設楽ヶ原で信長と決戦すると決めたときから、死は覚悟していたと思われる。信長は大兵を率いており、布陣した設楽ヶ原に柵を設けて万全を期していたからだ。

信玄後継の勝頼の指揮能力の限界を知っていたのだろう。

昼過ぎには勝敗の行方が決まり、あとは織田勢が逃げる武田勢を追う追撃戦となった。

大勝利の理由

鉄砲戦に柵を使った発想は信長だが、酒井の迂回急襲策が成功しなければ、柵を連ねた織田陣に武田勢が〝捨て身〟で、攻撃を繰り返したとは思えない。

桶狭間とともに、信長の戦国史に残る見事な勝利とされる長篠の戦いは、多分に〝酒井忠次の戦略と巧みな戦術（織田、徳川混成軍を指揮して敵の砦群を落とした）〟によってもたらされたものだ。

『信長公記』が鳶ノ巣砦の攻撃策を信長の発案としたのも、そうしないと信長の評価が下がると危惧したからだろう。

信長は桶狭間と長篠という重大合戦を〝予期せぬ豪雨〟や〝同盟軍の家臣の策〟に恵まれて勝ったが、いつも幸運とは言えず、戦術的な失敗を繰り返している。

元亀元年の「金ヶ崎の退《の》き陣」（敦賀在陣中に、浅井長政の離反で京に逃げ戻った）や「千草山中での狙撃」（六角承禎の刺客杉谷善住坊に狙撃された）による死の危険は何とか免れたものの、本能寺の変では、〝一歩間違えば死〟という戦国の掟から逃れることができなかった。

信長の戦術・戦略は現代に通用するか

桶狭間の戦いは〝豪雨〟が見逃されたため、信長の優れた〝勝負勘〟による〝奇襲〟攻撃によって、織田軍は今川軍に勝ったとされてきた。

このため、奇襲さえすれば、二千の軍勢でも二万五千の大軍に勝てるといった考えが一般化し、この歴史認識が日本人の戦時における「奇襲攻撃」容認の一因となった。

「奇襲」を成功させるためには、多くの条件が整うのを待つしかなく、そのほとんどは〝空振り〟に終わると覚悟しなければならない。

長篠の戦い（設楽ヶ原の戦い）はどうだろう。

信長が自軍の前に柵を設けたのは、戦いに勝つためというより、強い武田軍に負けないためだ。（敵勢が柵に攻めかからない限り勝利は望めない）。

その信長が勝ったのは、他家の家臣の策でも採用するとの柔軟な思考があったからで、それができたのは（柵という）負けないための戦略を作り上げたので、〝勝つための戦術〟を実行する余裕があったからと思える。（負けない状況を作れば、勝つための戦術を試行できる）。

戦国合戦が現代人に示唆することは多いようだ。

三　三方ヶ原の戦い

——なぜ家康は負ける戦に出陣したのか

元亀三年（一五七二）十二月二十二日（現在の暦では翌年の一月下旬）、徳川家康は一万一千の軍勢を率いて遠江《とおとうみ》浜松城から出撃し、城から八キロほどの三方ヶ原《みかたがはら》で、二万五千の武田信玄勢に戦いを挑んだ。

三方ヶ原は浜松城の北に広がる台地で、東西一〇キロ、南北一五キロ、周囲より五〇～一〇〇メートルほど高い。

戦いの結果は予想通りで、武田勢に蹴散らされて死傷者二千人という損害を出し、ほうほうの体《てい》で城に逃げ戻った。

武田勢は戦国最強といわれ、徳川方の兵数は武田の半分以下だから、まともに戦えば敵《かな》わないというのは、結果論ではなく徳川の部将もそう思っていた。

徳川と同盟関係にある織田信長は援軍として三千人を派遣したが、主将の佐久間信盛に〝家康には籠城策をとらせて出撃させないように〟と命じていたというし、徳川の有力武将も籠城が妥当とし、負けると分かっている戦をする考えはなかった。

それなのに家康は「敵が自領をわがもの顔に通るのに、黙って見ているのでは甲斐がない（メンツをつぶされる）。たとえ負けても一戦しよう。勝つか負けるかは時の運だ」と家臣に檄を飛ばし、自ら先頭に立って出撃した。これで家臣たちも家康のやる気が分かり、武田の大軍に攻めかかったという。

『常山紀談《じょうざんきだん》』（江戸中期、岡山池田藩に仕えた儒学者湯浅常山による逸話集）にある話で、同書には、物見に出た鳥居忠広が「出撃はなりません。どうしてもというなら、武田軍が祝田《ほうだ》の坂にかかったときに攻撃すべきです」と具申し、家康もその意見に乗ったとある。

祝田の坂は三方ヶ原台地の西のはずれ、一本道の下り坂なので、ここで武田軍の後備《うしろそな》えを襲えば、多少の戦果を期待でき、大きな反撃を受ける怖れがないと思われた。

通説とそれを補完する説

通説は『常山紀談』が伝える話を否定している。

〝家康がたとえ負けても一戦しようと家臣を鼓舞して出撃したというのは、江戸幕府が家康を東照大権現として神格化した意向に沿ったもので事実ではない〟とし、実際は〝家康は信玄の挑発に乗せられて出撃した〟とし、武田方の事情を〝二俣城（浜松市天竜区）攻めに二ヵ月もかかった信玄は家康に浜松城に籠もられて、また日時を費やすのは避けたかった。攻城戦ではなく、一気に勝負を決する野戦で決着をつけたいが、といって家康がノコノコと城から出て来るわけもない。そこで、全軍で南下して浜松城を威圧したあと、敵に後ろを見せて三河方面に向かう策を考えた〟とする。

こうすれば、メンツをつぶされた家康は武田勢を後方から襲うという有利な攻撃態勢がとれるので、追撃してくると計算した。もちろん、それに対する対策も考えてあった。

案の定、徳川勢はこの計略に乗って出撃しさんざんに敗れた……とする。

だが、すでに三河と遠江の過半を領し、織田信長という有力な同盟者をもつ家康が武田のこれ見よがしの挑発に乗って、多くの部下と自身の命さえ失う危険がある戦《いくさ》を仕かけるだろうか。もともと、浜松城攻めのため二俣から南下した武田軍が城まで五、六キロに迫ったところで、急に向きを西に変えて城から遠ざかったのだから、その動きは挑発に違いなく、ここは黙ってやり過ごして城の備えを固めたうえで、次の策を考えるのが妥当なところだ。

それなのに、家康が簡単に挑発に乗ったとするのはおかしいと考えたのか（神君家康の栄光に傷がつくと思ったのか）、**通説を補完する説**が唱えられた。

「家康に戦うつもりはなかったが、物見に出した旗本が武田勢の〝挑発〟に乗って小競り合いとなり、それに両軍部隊が加わり、ついには家康も意図しない大戦闘に発展した」というのだ。

これなら、信玄の挑発に乗ったのは旗本たちで、家康は彼らを助けようと戦闘に巻き込まれた恩情ある主君ということになる。

真実はどこにあるのだろうか。

信玄の狙い

元亀三年十月初め、信玄は動員可能な全兵力を集めて、三河（愛知県東部）、遠江（静岡県西部）の徳川領への侵攻を開始した。

攻略策は十分に練り上げたもので、軍勢を三つに分け、一隊は秋山信友が五千を率いて伊那路から東美濃の岩村城（岐阜県恵那市岩村町）を攻撃、もう一隊は山県昌景が五千を率いて奥三河の徳川方諸城を攻略、信玄は主力の二万余りを率いて遠江に侵入して徳川方の諸城を落としたあと、山県隊と合流して、浜松城、三河の吉田城、岡崎城へと攻め寄せ、徳川軍を殲滅《せんめつ》する計画だ。

岩村城を攻撃したのは、そこが岐阜攻略の道筋にあるからで、城主は信長五男の御坊丸《ごぼうまる》、後見役は信長の叔母で前城主遠山景任の未亡人だった。（信友は景任未亡人の婿になることを条件に、十一月十四日に開城させたという。諸説あり）。

多方面での同時作戦は、信玄が自分の病身を自覚し、攻略に日数をかけたくなかったからと思われる。躑躅《つつじ》ヶ崎館（甲府古府中。信玄居館）からの出陣時にも体調を崩して進発を遅らせたほどだ。

信玄の目的は織田信長を倒すことだが、そのためには信長の同盟者で、三河と遠江に根を張る徳川を屈服させることが前提となる。

この年、信玄が三河、遠江への侵攻軍を催せたのは、宿敵越後の上杉謙信が一向一揆の鎮圧に忙殺されていたことと敵対していた相模の北条氏康が亡くなり、後継の氏政と同盟を結べたからだ。

この遠征には北条も二千人を援軍として送っていた。（同盟成立は前年の十二月、氏康の遺言ともいう）。

信玄本隊は遠江北部の天方《あまがた》、飯田、各和《かくわ》など諸城を一蹴し、久野城（袋井市。天竜川まで一四キロほど）に迫った。城は徳川方の久野宗能《むねよし》が守って抗戦の構えだ。久野城に武田勢が近づくと、家康も黙って見ているわけにいかず、三千人ほどの軍勢を派遣した。手をこまねいていると、遠江の小領主が雪崩《なだれ》を打って信玄になびいてしまうからで、武田の先陣に打撃を与えようとしたのだが、信玄の進撃は予想以上に早く、徳川の派遣部隊は天竜川を越えた見附（磐田市）の先で、信玄本隊と遭遇し、さんざんに追いまくられて浜松城に逃げ帰った（見附の戦い）。

山間部の味方諸城には援軍を送ることもできず、見附でも敗退と、家康はなにもできずに武田勢の侵攻を見ているだけになった。

家康の事情

見附で徳川勢を一蹴した武田軍はここでは深追いせず、軍を北に向け、浜松から北へ一七キロほどの天竜川沿いにある二俣城攻めにかかった（十月二十日）。浜松城攻めに先立って後方の安全を確保するためだが、二俣城は交通の要衝にあり、遠江諸城の抑えとしても重要な拠点だ。

だが、二俣城は高台にあり、天竜川を天然の堀とした要害で、守兵は少ないものの（千人ほどか）攻略は簡単ではない。

信玄は攻城を子の勝頼に任せ、自身は合代島《ごうだいじま》（二俣から東南五キロ付近）に布陣した。二俣城包囲戦には奥三河を攻略した山県昌景隊も加わったが、守将中根正照と城兵の士気は衰えず、開城まで二ヵ月もかかった。

家康も援軍を送ったが、包囲勢に近づけば、後方から信玄勢に攻撃されることになり、軍を返すしかなかった。後詰《ごづめ》できない家康は武田方と交渉し、城兵の命を助けることを条件に開城させた（十二月十九日）。

（城壁の高い二俣城は飲み水を天竜川から汲み上げており、そのための櫓《やぐら》を川中に立てていたが、勝頼が上流から筏を流して櫓を壊して水の手を切ったので、城兵は仕方なく開城したともいう。『三河物語』（大久保彦左衛門）にある話だが、中根などが必死に城を守っているのに、家康は包囲の武田勢を攻撃することもできず、といって城を守る忠臣たちを見殺しにするわけにもいかないので、開城せざるを得ない。〝弱腰〟を隠すために作られた話とも思える）。

二俣城を落とした信玄はそのまま南下し、浜松城を目指すだろう。城内は現実のものとなった〝信玄来襲〟に戦慄した。

家中の考えは籠城だが、敗色濃厚となれば降伏すると考えた家臣もいただろう。徹底抗戦しなければ命を取られることはないし、二俣の城兵も命は取られずに浜松に戻ってきた。降《くだ》ったあとは信玄軍に組み入れられ、信濃勢と同じように武田軍の一翼を担うことになるが、本領は安堵される。（信玄の狙いもそこにあったと思われる。徳川与力の有力部将や国人諸勢は武田の与力として、織田攻めの先陣に使いたいところだ）。

籠城すれば死

だが、家康の立場は違う。織田と同盟関係にあり、武田に寝返るわけにはいかない。（織田から派遣された三千人は援軍というより、家康や家臣の寝返りを監視する役目だ）。

とはいえ籠城して武田と戦えば、信長からの新たな援軍がない限り落城を待つだけになり、城中から武田に寝返る部将が出ることも考えられる。その時点で降伏しても、城将としては切腹するしかない。

信長の援軍にしても、いまの織田に二万もの武田勢と対等に戦える軍勢の余裕はない。

すると、家康が出撃を叫んだ理由が分かる。

無理にでも出撃して家臣を対武田戦に引きずり込み、わずかでも戦果をあげて、家中の意思を〝徹底抗戦〟で統一しなければならなかった。

家康の下で一枚岩の団結を誇ったという徳川家臣団の結束の強さは、多分に家康を美化するための後世の作り話で、この時代の家康は三河、遠江北部の小領主を服属させることもできないほどで、信長の威勢にすがってやっと家中を束ねていた。

通説はその事実に目を向けていない。

佐久間ら織田の援将が家康の出撃策を制止できなかったのは、家康から「このまま浜松で籠城すれば、城中から武田に内通するものも出てくるし、武田を黙って見逃せば、国人領主が離反する。いまは家臣を鼓舞して戦闘意欲をかきたて、形だけでも一戦して、わずかでも勝利しないと家を保てない」と泣きつかれたからだろう。

徳川傘下の部将の多くは、家康が領地を与えて臣下としたのでも、その血筋や名指揮官としてのカリスマ性を慕って集まったのでもない。

もともと三河国は武田、今川、織田といった強国に囲まれ、一致して行動しなければ自立は難しいとの事情があった。家康はそのために、三河武士の団結の盟主として担ぎ出されたもので、家康がその器でなければ、武田や織田の傘下に入るのも仕方がないと考えていた三河武士も多かったと思われる。

信玄の巧妙な策略

十二月二十二日、武田勢は浜松城を目指して動き始めた。秋葉街道を南下して浜松までは二〇キロ、城内は武田勢の来襲に戦慄しただろう。

ところが、武田勢は途中の有玉《ありたま》で、進路を西に変えて進み、姫《ひめ》街道に入ったのだ。（当時、姫街道の名はなかったというが、東海道の脇街道で、静岡県磐田市の見附宿から浜松宿を通り、三方ヶ原を抜け、浜松市北区の気賀宿、三ヶ日宿につながった）。

進む先は三方ヶ原だ。浜松城攻めはあきらめ、刑部《おさかべ》を経て三河に向かい、吉田、岡崎城攻めを優先するということだろうか。

もしそうなら、家康にも勝機が生まれる。

武田勢がそのまま進むと、街道は（追分で二手に分かれるが、どちらを行っても）三方ヶ原台地の先では都田川へ下る急坂（祝田《ほうだ》と大谷の坂）になる。道幅は狭い。

二万数千もの武田勢はそこを長い隊列で下ることになるから、そのときに後方から武田の後備えを攻撃すれば戦果を得られるはずだ。

後備えが逃げ腰になれば、武田勢は狭い坂道で大混乱となる。先行した本隊がUターンしようにも、逃げる部隊にさえぎられてしまうから、徳川軍が反撃されることはない。敵に多少なりとも損害を与えれば、深追いせずに城に戻ればいい。戦果があれば、士気は上がり団結は強まる。

追撃策に弱点はないと家康は考えた。〝必勝の策〟を胸に秘め、浜松城から、ほぼ全軍（徳川勢八千に織田勢三千）を率いて出陣した。

家康出撃

「いざ出陣」との家康の檄に応えて徳川勢の先頭に立ったのは旗本勢だ。

彼らには自分たちが率先して武田に当たらなければ、家康体制は瓦解するとの危機意識があったと思われる。なにもしないで武田勢の領国内通過を見過ごせば、徳川の傘下にある駿河、遠江、三河の国人領主が一斉に離反してしまうとの懸念もあった。

だが、徳川家中でも有力武将の酒井忠次や石川数正らが進んで家康の出陣に従ったとは思えない。彼らはこれ見よがしに進軍の方向を変えた武田勢がそのまま祝田の坂を下るとは考えなかっただろう。歴戦の彼らは信玄には策があると感じていたはずだ。

信玄の出方を読んで、軍勢を素早く進退させねばならないが、その能力が家康にあるとも思っていなかっただろう。（当時家康は三十一歳。歴戦の信玄に対抗できるほどの実戦経験はないし、一万以上の軍勢を指揮したこともなかった）。

だが、すでにまなじりを決した家康を止めることはできない。彼らが出陣したのは徳川の家老職として、家康に無謀な行動をさせないための見張り役だ。

浜松城を出ると、犀《さい》ヶ崖《たけ》（浜松城の北一キロほどにあるV字型の地溝帯）付近で、物見に出ていた旗本勢が本隊に合流し、案内役となった。

（酒井忠次は信玄の策を警戒しながら、いつでも退《の》き陣ができる態勢で進軍したと思われる。武田勢を追って深入りはせず、反撃にあうと旗下の軍勢をまとめて撤退した。忠次は東三河一帯の旗頭で、徳川を担ってきた実戦部隊長だ。石川数正は西三河の旗頭で歴戦の勇士だが、旗本勢の突出を止められず、武田勢と正面からぶつかることになり、多大な損害を受けた。二人とも家康の実戦能力の低さを知ったはずだ）。

家康は物見からの報告で、武田勢の最後備が祝田坂を下るのを午後五時ごろと予想した。そ

[三方ヶ原の戦い]

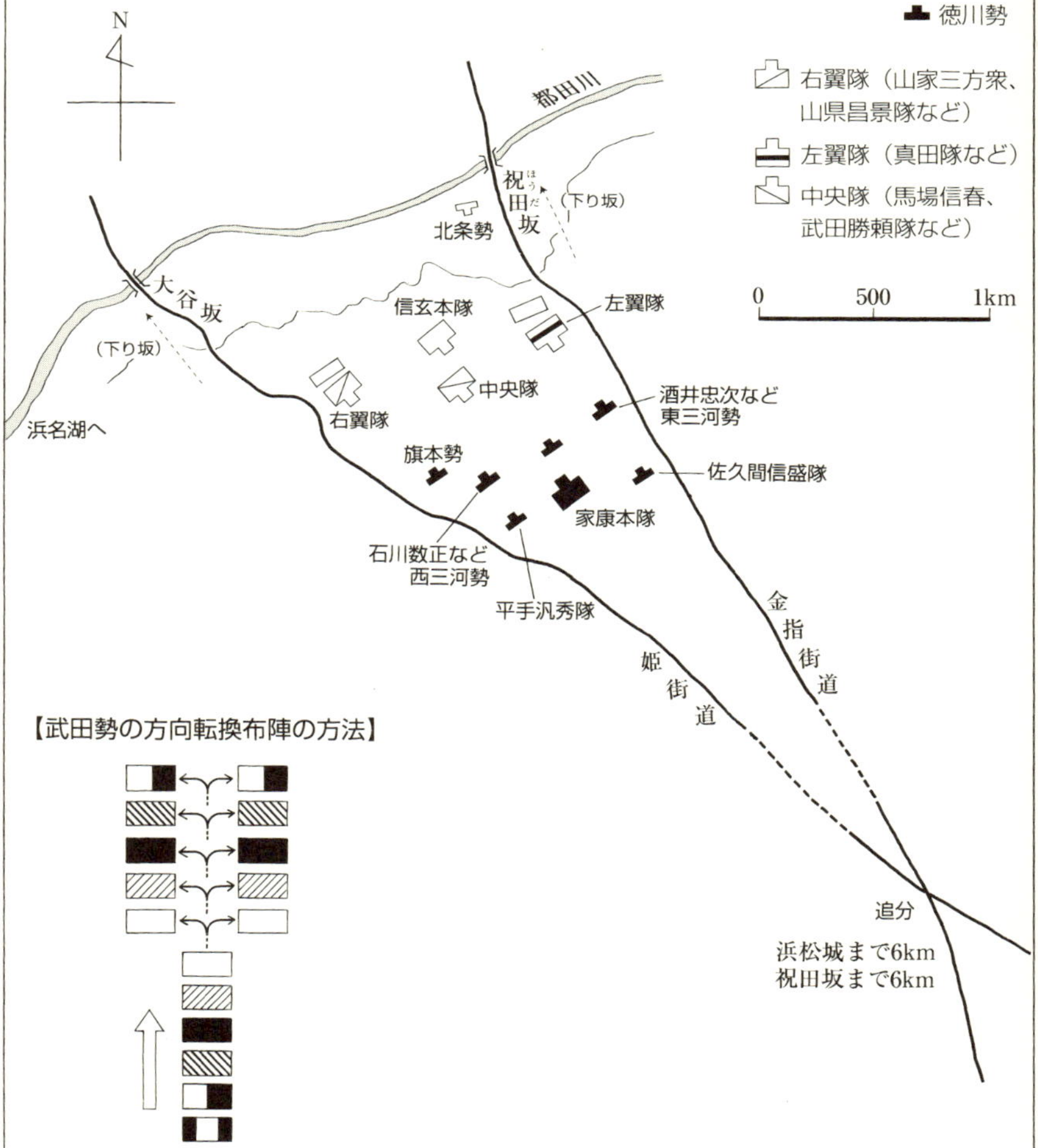

【武田勢の方向転換布陣の方法】

先手から順に左右に開き、後続部隊を通してから左右に布陣する。
そのまま各兵がまわれ右をすれば戦闘体型を崩すことなく部隊の向きを変えられる。

☆武田の後方を襲うつもりが戦闘体型の武田軍と相対することになった。

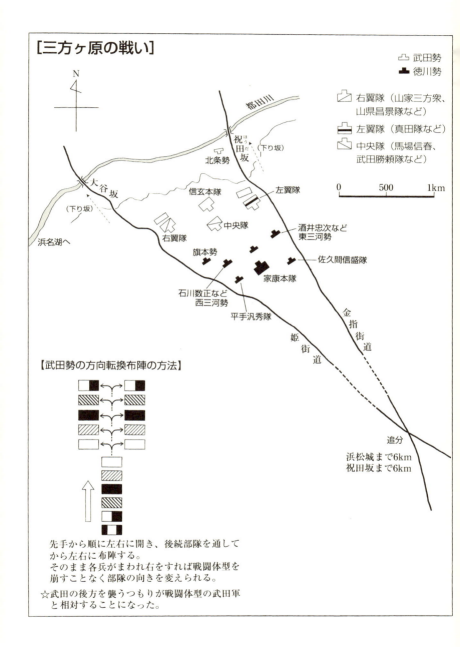

の時刻に自軍を三方ヶ原のはずれまで進出させれば、作戦は成功するはずだ。

浜松からは街道沿いに一二キロほどで祝田の坂道にかかる。（祝田の坂は高低差四〇メートルを曲折した三〇〇メートルほどの道で下る。道幅は狭い所では一メートルほどしかない。現在の国道、金指街道の西側になる。武田勢は祝田坂だけでなく、姫街道に沿った大谷坂も下ったと思われる。大谷坂を下った先に、信玄がその後、在陣した刑部《おさかべ》がある）。

家康が三方ヶ原に入ったのは午後三時ごろだ。

家康は信玄のワナにはまった

秋葉街道を南下し、浜松城に向かうと見えた武田勢が有玉で進路を西に変えたのは信玄の策略だ。

信玄は二俣城攻めでさえ、二ヵ月もかかったことから、浜松で時間のかかる城攻めはできないとみて、徳川勢を城から誘き出す手を考えた。

有玉で進路を変えたあとは、徳川軍に背中を見せるように三方ヶ原に入り、追分では全軍を休止させた。追分は浜松城から五キロほど、徳川軍の出撃をあおるこれ見よがしの挑発だ。

徳川勢、とくに血気盛んな家康直属の旗本勢はこれに挑発されたと思われる。

もちろん、信玄は物見を出して徳川勢の動きを監視していたし、小荷駄隊は先行させて祝田の坂を下らせた。戦闘になったときに邪魔になるからだ。

その信玄に徳川勢出陣の報告があった。誘いに乗ってきたのだ。信玄は追分を出立、金指街道を祝田に向かった。坂を下りると見せて、徳川勢を待ち受けて迎撃するつもりだ。

追分から祝田の坂までは六キロほど。戦機は迫っていた。

信玄は軍列の最後尾に、徳川から武田に鞍替えした山家《やまが》三方《さんぽう》衆を置いた。徳川方が食いつくようにエサとしたのだ（山家三方衆＝奥三河の小領主、作手《つくで》の奥平、長篠の菅沼、田峰の菅沼の三氏。徳川の対武田の最前線を形成していたが、前年、武田に切り崩され、山県昌景勢の与力となっていた）。

通説は武田軍の反転を「クルッと向きを変えて」あるいは「Uターンして」槍先を揃えて待っていたという。

テレビの歴史番組などが〝三方ヶ原合戦〟の説明をするときに、CGを使って軍列がUターンする様を再現して見せるが、いずれも小人数の部隊で、二万もの軍勢では（千人ほどの部隊ごとでも）Uターンは時間がかかりすぎる。

また、〝全体止まれ。回れ右〟との号令で「クルッと向きを変え」ても、長い列ができるだけで、戦闘隊形にはならない。

当時の軍勢は、まず先衆（先頭部隊）の先駆け、鉄砲、弓、長柄（槍）とつづき、その後ろが徒歩侍《かちざむらい》、馬上衆、先備え大将、使い番となる。先衆のあとは二番備え、三番備えとつづき、その後ろが主将を囲む本陣勢で、左右には脇備え、後方には小荷駄隊、そして後備えがつく。

「クルッと向きを変える」だけでは追撃してくる軍勢への備えはできずに、長い縦の隊列になるだけ、「Uターン」も各部隊千～二千ほどで、総数二万余では時間がかかり、そのUターンした部隊を戦闘隊形に配置するにはそれ以上の時間がかかるだろう。

大軍はUターンできない

ではどうしたのだろう。

家康の来襲を予期した信玄は移動する各部隊に布陣する場所を指定し、部隊は先駆けや馬廻り衆の指揮で、先頭の鉄砲衆から左右に分かれて道を開け、後続の部隊を通すとともに、その場で向きを変え、つづく弓衆、長柄（槍）衆もその開いた道を進んだあと、鉄砲衆の後ろで同じように左右に展開して布陣した……と思われる（一〇五頁図参照）。

これだと時間はかけずに、軍勢の進行方向を変えられるだけでなく、縦列の行軍隊形から予定戦場の地勢を見て横列の戦闘隊形に変えることもできた。

この隊列変更ができたのは、戦場がほぼ平坦な三方ヶ原台地で、大軍が散開できる広さがあったこと、武田勢が戦場慣れしており、急な陣替えに対応した経験があったからだろう。

家康には、物見から武田勢が陣替えをしていると報告があったはずだが、武田勢が狭い坂道を下るのに戸惑っているとしか思えなかっただろう。（平坦な土地が少ない日本では、相対して布陣した部隊を主将が自在に操って戦うという合戦は少ない。家康はこれより二年前に五千の軍勢を率いて平原で戦った経験があるが〈姉川の合戦〉、そのときも、実際の戦闘は酒井忠次、石川数正、榊原康政らがそれぞれの部隊を指揮して戦った。朝倉勢を圧倒したあとは追撃戦となったが、その経験があったので、三方ヶ原でも追撃戦を行うつもりで、勇んで出陣したと思われる)。

信玄は戦闘隊形を整え、旗印を伏せ、身を隠して待ち構えていた。そこへ〝武田の本隊は坂を下りたはず、残る軍勢は後備えなど少数〟と見た徳川の先鋒が襲いかかった。

家康は武田のワナにはまったのだ。

采配の稚拙さは後々まで家臣から揶揄された

徳川勢で先頭を切ったのは家康直属の旗本だ。彼らは自らが攻撃しなければ、他の部隊が動かないと考えて率先して進んだ。

徳川軍の主力ともいえる東三河衆を率いる酒井忠次と西三河衆を率いる石川数正はともに幾多の戦いを経験し、指揮官としても名を上げていたから、家康の旗本たちは彼らに家康直属部隊の力を見せたいという意図もあっただろう。

徳川旗本勢は武田先鋒の山家三方衆に突きかかった。

徳川から見れば彼らは裏切り者だ。旗本勢の勢いは激しく、山家衆にその槍先をかわす力はない。たちまち三〇〇メートルも後退した。オトリだから、これで十分だ。

山家衆の後方には戦巧者の山県昌景勢が控えていた。

（山家三方衆は山県隊の先鋒となっていたから、家康の旗本は山家衆を見たときに、後方に山県勢五千が控えていると理解しなければならなかった）。

赤備《あかぞな》えの山県勢は武田の先陣。坂を下りたはずの先陣がいるということは、武田勢は坂を下りていなかったということだ。ここで家康が敵情を理解し、旗本勢に後退を命じていれば、損害は少なくてすんだと思われる。

徳川勢、敗れる

山県勢が戦列に加わると、徳川旗本勢は逆に押されることになった。

家康は武田勢を押し返そうと考え、石川数正の率いる西三河衆に前進を命じた。家康は一度敵勢を押し返したうえで退こうとしたのだろうか。

西三河衆の進出を見ると、信玄は郡内衆や武田勝頼隊を戦線に投入した。乱戦となれば、数にまさる武田勢が強勢となる。

家康はたまらず、後詰の援軍平手汎秀《ひろひで》隊にまで参戦を要請したが、勢いに乗る武田勢の攻勢は止められなかった。

ここで使い番を走らせ、各部隊に撤退するように伝えたが、指令は遅すぎた。武田勢に攻め込まれた徳川方は総崩れとなった。

家康の本陣にも武田勢が迫った。家康は退《の》き陣の指揮どころか、数十騎の旗本とともにただ逃げた。

徳川勢の右翼部隊、酒井忠次の率いる東三河衆は武田の左備えと接触すると、たちまち一〇〇メートルほども押し進んだが、後方に武田左翼の二番備えが待機しているのを見ると、忠次は深追いせず、軍勢をまとめて浜松城に戻った。

徳川勢が大敗北を喫したのは、家康の旗本勢がはやって武田勢に深入りしたからだ。旗本たちには敵情を見抜く判断力がなかったし、家康にも平原での会戦で部隊を自在に進撃・退避させる能力はなかった。

武田軍が見事な動きを見せたのは、遠征での戦いを多く経験して百戦錬磨だったことと、信玄が全軍を掌握し、各部隊を的確に動かしたからだろう。

家康はほうほうの体で浜松城に戻った。

援軍の織田勢も佐久間信盛隊は城に戻ったものの、平手隊は散り散りになり、汎秀も逃げ戻る途中で討たれた。水野信元隊は道が分からず、岡崎まで逃げ戻ったという。（浜松城に戻り、鉄砲隊を指揮して武田勢の侵攻を防いだともいうが……）。

三方ヶ原の戦い、その後

三方ヶ原の戦いで徳川軍は二千人ほどの死傷者（そのうち死者は千人ほどか）を出した。

戦国の戦いでは、軍勢や戦死者の数は過大にいわれるが、この千人は実数に近いと見られる。

前述したように、家康は全軍を出撃させて難敵にあたり、武田勢に損害を与えて、その勝利によって家中をまとめるとともに国人領主たちを繋ぎ止めようとしたのだが、自分の采配の未熟さで墓穴を掘ってしまった。

重臣の酒井忠次と石川数正が出撃策に反対だったのも、作戦が家康の考えるほど簡単なものではなく、家康の指揮能力では成功はおぼつかないと見たからだと思われる。

このとき、忠次は四十六歳、数正は四十一歳で豊富な実戦経験をもっていた。家康は三十一歳で、大軍の指揮経験はない。

年齢と戦闘指揮の経験からすれば、家康と忠次、数正の力の差は明らかだ。

酒井家は三河以来の譜代で、忠次は家康の父松平広忠の代からの側近で、三河領内で一向一揆が起きたときも、一揆勢には加わらず家康を支えた。

三河の鎮定と遠江の攻略がなるまでは家康とは別行動で、東三河と西遠江の鎮圧作戦を指揮し〝戦巧者〟といわれていた。

石川数正は家康の今川人質当時からの側近で、家康の子信康の元服後はその後見人となり、永禄十二年（一五六九）からは西三河の旗頭とされた。

二人とも、三方ヶ原の戦いでは、自分の意見が入れられずに大敗し、口惜しい思いをしたに違いない。

結果は彼らの予想通りで、それも家康の采配ミスで損害が増し、それに加えてこの強攻出撃策が家臣の忠節心を疑ったものだったから、家康に対する不信感も増しただろう。

前述したが、忠次はこのときから三年後の天正三年（一五七五）の長篠の戦いでは、鳶ノ巣山攻め（武田方の城砦群の攻略）を信長に提案し、自ら織田軍との混成部隊を指揮して砦を落とし、織田、徳川連合軍勝利の立役者になっているから、戦術眼と実戦の指揮能力を兼ね備えた武将だったと思われる。

酒井忠次の采配

三方ヶ原での忠次の退《の》き陣の見事さを見ると、家康の采配を信用せず、はじめから深入りしないようにしていたと思われる。

忠次については不思議な事件がある。

天正七年（一五七九）、信長が家康嫡子信康に〝武田と内通している〟との嫌疑をかけ、忠次は弁明のため安土に派遣された。

信長は〝信康の罪〟をいろいろと挙げて詰問したが、忠次は一切弁明せず、信康をかばわなかったという。（信康の罪を認めたことになった）。このため信長は信康を処断するように指示し、家康は信康に切腹を命じるしかなかった（『三河物語』。信康処断の理由については諸説あり）。

江戸期の徳川家臣団なら、自分は切腹しても主君親子のために尽くすところだが、忠次にその考えはない。家康は忠次を後々まで恨んだとされる。

だが、この話は（子殺しをした）家康を傷つけないために、忠次と信長を悪人に仕立てて無理やり辻褄を合わせたように思われる。

忠次が弁明しなかったとすれば理由があったはずだ。

信康が武田と内通していれば、徳川家は親織田派と親武田派に分裂して存立できない。重臣の忠次にもいくつかの事実は伝わり、それを家康に伝え意見具申もした。

ところが、家康は忠次の忠告を聞かず、有効な策も打てなかった。そうこうするうちに、信康の正室の五徳（信長の娘）によって信長に通報され、あとの祭りとなった。

忠次にしてみれば、〝自分の言うことを家康が聞いていれば、穏便に済ますことができ、信長に介入されることもなかったのに、いまになってはもう遅い〟と考えただろう。

家康が信康問題を処理できなかったことによって起きた事件だが、家康をかばうように話が捻じ曲げられ、忠次が悪者になっている。

実際は、信長が信康の切腹を命じたとの確証はない。それを〝信長から処断を命じられた。信長は血も涙もないから、断れば徳川家が立ち行かなくなる。仕方なく切腹を命じた〟とし、家康の責任を回避するために創作された話とも思われる。

〝家康は信康の命を助けるため、幽閉した城から逃亡させようとして警固をゆるめる細工をしたが、家臣が家康の気持ちをくみ取らず、また信康も逃げようとしなかったので切腹を命じるほかなかった〟との家康の人情話も伝わるが、家康擁護のための創作と思われる。

親子が不仲で、家康が信康の廃嫡や追放を考えたとすると、信康の室は信長の娘だから、信長の了解を取らなければならない。忠次はそのために安土に送られたことになる。

家康が忠次を派遣した理由は弁明のためではなく、〝信康の処分をその室の父親で、同盟者の信長に事前に説明するため〟が事実に近いと思われる。

家康が嫡子信康に切腹を命じたとすると、神君家康の栄光に傷がつくので、事実を書き変えたのだろう。家康を〝泣いて馬謖《ばしょく》を斬った〟善人にするために、多くの事実が強引に捻じ曲げられた。

忠次は六十二歳で引退するまで家康の側近筆頭の役割を果たしているので、家康に恨まれていたとする**通説**は符合しない。

家康の実態

家康のもう一人の家老石川数正は西三河勢を率いたが、戦だけでなく内政にも長けた重臣だったという。

三方ヶ原の戦いにも西三河衆とともに浜松城に入ったが、家康の無謀な命令で多くの家臣を失うことになり、家康に対して不信感をもったはずだ。

その後も家康の懐刀といわれて徳川を支えたが、小牧、長久手の戦いのあとの天正十三年（一五八五）に、突然徳川家を出奔して豊臣秀吉のもとに走ってしまった。

事情は不明で、秀吉に利で誘われたとする説の他に、秀吉の考えを探るために家康が送り込んだとする説まである。家康にすれば重臣に裏切られたのだからメンツは丸つぶれだ。これらの説は家康の名誉を守るためのこじつけと思われる。

数正にしてみれば、出奔したくなるような事情が数多くあったに違いない。

家康については、江戸時代に神格化されたので、真実が後の世に伝わりにくくなったが、家老を務めた重臣の裏切りとも思える行動を見ると、当時の家臣には後世の書物がいうほどには認められていなかったと思える。

家康には「しかみ像」（しかめっツラの意）との絵が現存している（名古屋市徳川美術館蔵）。

通説は、家康が三方ヶ原の敗戦を生涯忘れないように、浜松城に戻ったときの憔悴しきった顔、姿をわざわざ絵師に描かせて、自分への戒《いまし》めとし、生涯身近に置いたとする。

だが、この絵の人物は四十～五十代で、いくら憔悴していたとしても、三十一歳には見えない。これも家康の評判を高めるために（絵の価値を高めるため？）、家康らしい絵に（実際は家康ではなくとも）、そのような由緒を付けたものとも思われる。後世の家康美化工作のひとつだろう。

戦場での采配にしても、家康にとっても目障りだった今川義元は信長が討ち取ったものだし、大敵の武田信玄は三河遠征の途中で病死、関ヶ原の戦いも裏切りを誘う謀略で勝ち、大坂城攻めでは講和をエサに堀を埋めるとの奸計を使って勝つといった具合で、見るべきものがない。

家康は、明治以降はその評価が低下したが、第二次大戦後の昭和二十五年（一九五〇）から、山岡荘八が十八年にわたって新聞に連載した小説『徳川家康』（前述した）で、戦国の世に終止符を打ち平和を希求する英雄として書かれたことで、再び〝善人〟となった。

現代では、新しい研究によって家康を戦国の英雄として評価する考えは少なくなり、その試行錯誤ぶりから、戦国時代を収束する難しさを語り、それでも将軍まで成り上がった謀略や詐術の成功者として説明されている。

いろいろと史料の残る家康なのに、死後四百年たっても、その評価が定まらず、解明されない謎も多々あるとすると、逆に歴史の奥深さに対する興味が湧いてくる。

現代に参考となるのは家康ではなく徳川家臣団

失敗ばかりの家康だが、永禄年間（一五六二～六四年）の三河一向一揆以後は家臣が謀反を起こすこともなかった。

家康の能力は有力家臣の酒井忠次、石川数正、榊原康政らには分かっていただろうが、彼らが家康に刃を向けることもなかった。

家臣団にとって、三河武士の団結の象徴としての家康が必要だったのだ。

家康の死後はさらに進んで、重臣たちは家康を神格化し、全国統治の正統性を主張する根拠とした。

創業者のカリスマ性を創造して、組織の力を高めた例は現代にもある。

一例だが、自動車メーカーのホンダの創業者、本田宗一郎は二輪車の製造でホンダをトップメーカーに育て上げるが、次に挑んだ四輪車の製作では、軽スポーツカーや空冷エンジン、新型サスペンションなどに固執して失敗がつづいた。

すでに宗一郎の下で、一流のエンジニアに成長していた部下たちは彼の方向性の間違いを指摘して必死に諫めるが耳を貸さない。頑迷な旧い経営者のタイプだ。

結局、宗一郎は新技術の開発に失敗したまま社長の座を退くが、周囲は「宗一郎は技術開発の方向性を誤った」などとは決して言わない。創業者に対する敬意というより、彼の技術水準を明らかにすることによる企業イメージの低下を怖れたからで、会社（と自分）を守るためだ。家康を取り巻く家臣団と似ている。

宗一郎が社長を辞めたのは一九七三年で、「今後は現場には一切、口を差し挟まない」と宣言（反省？）したが、それから十七年後、ホンダが再度挑戦した軽スポーツカーの開発現場に宗一郎が姿を現したという。かつて自らが企画しながら発売できなかった軽スポーツだから、思い入れがあったのだろう。そこで、宗一郎は現場に口を出さなかったのだろうか。

四代目社長川本信彦によると、宗一郎は「あれやこれやと不満そう」で、「いろいろと注文が出た」ので、現場はこのカリスマ経営者の顔を立てて（？）「一ヵ所だけその意を受け入れた」という。（トランクの形を少し手直ししたらしい）。

宗一郎はこの軽スポーツカー「ビート」が完成したあと亡くなった。

家康が大坂夏の陣で豊臣家を滅ぼし、徳川支配の体制が整ったあとに亡くなったのとどこか相似する。

四　高松城水攻めと中国大返し

――秀吉は〝絶体絶命の危機〟だったのか

天正十年（一五八二）六月二日早朝、織田信長が京の本能寺で討たれたとき、羽柴（豊臣）秀吉は京から二三〇キロほど離れた備中《びっちゅう》（岡山県）で毛利方の高松城を水攻めにしていた。

全長二キロもの堤を築いて川の水を引き入れた作戦は成功し、城の周りは差し渡しが二キロもある人造湖になっていた。

その日、秀吉は京で起きた変事は知らずに、毛利との和平交渉をどのように進めるか知恵を絞っていた。

通説は……。

三日夜、事もあろうに明智光秀が毛利に送った密使が秀吉の陣に迷い込んだ。使いの持つ書状は光秀から毛利にあてたもので、〝本能寺で信長を討った〟とあった。

この情報が伝われば、毛利は攻勢を強めるだろう。知られる前に講和（協定を結んで戦いをやめる）とし、できるだけ早く京に戻り、光秀が反信長勢力を糾合する前に、光秀とその与力勢を討たなければならない。

このため、秀吉は知らぬ顔で毛利と和平交渉を進め、講和が成立すると、五日には高松の陣を出て、七日には姫路城に入るという早業。与力の軍勢を集め、十三日には大坂と京の境の山崎で明智勢を破った……という。

高松城水攻め

天正十年五月、秀吉は毛利本拠地の備後《びんご》、安芸への攻略口となる備中高松城（岡山市北区高松）を囲んだ。

すでに播磨三木城を天正八年一月に、因幡鳥取城を九年十月に落としている。

高松城には城主清水宗治以下二千人が立て籠もっていた。

城の周囲は沼地や湿地が多く、攻め口が少ないので大軍による一気の攻撃ができず、秀吉勢は城壁に迫ったものの撃退されてしまった。

力攻めすれば損害が増えるだけだ。このとき、秀吉参謀役の黒田官兵衛孝高《よしたか》が水攻めを提案したという。

城の西方を流れる足守川《あしもりがわ》から南の立田山へ向けて堤防を築き、川水を流し込んで高松城を水没させようとの計画だ。

すぐに工事に掛かり、高さ七メートル、基底部の幅二〇メートル、上部の幅一〇メートル、全長二キロほどの堤が十日ばかりでできた。（五月二十日には完成したという）。

高松城が低地にあるにしても、堤の高さを何メートルにすれば、水は城のどの高さまで達するかなどは専門的な知識が必要だったろう。官兵衛は自ら測量して普請（土木工事）の指揮を執ったという。（堤の長さ、場所については諸説がある）。

城周辺の町屋は過去に足守川が氾濫したとき、水に浸かったというから、水位や水没の範囲は地元の人間なら知っている。官兵衛は地元民の話から堤防の位置や高さを割り出したと思われる。

この年の五月は雨が多かったこともあり、足守川の水量も豊富で、五月二十五日ごろには堤の上部まで水がたまり、城は石垣の上まで水につかった。

毛利方は吉川元春、小早川隆景（二人は毛利元就の子で異母兄弟。当主輝元は元就の孫）の二万ばかりが陣を進め、城の南西五〜一〇キロの岩崎山（吉川陣）、日差山（小早川陣）などに布陣した。その後ろの猿掛城には主将輝元の〝一文字三星〟の旗印も見える。毛利本隊も出陣したのだ。

秀吉は堤の上にも砦を築いて守りを固め、毛利に備えた。

秀吉の思惑

毛利の先遣部隊が高松城南西の山などに姿を現わすと、秀吉は毛利本隊が出陣すると見て、情勢を安土城の信長に報告した。五月十四日のことだ。

信長からは十七日付けで、明智光秀を応援のために派遣し、信長自身も出陣するとの連絡があった。

明智本隊は六月二日に丹波亀山を進発し、細川藤孝、高山右近、中川清秀などの与力部隊と合流し、六日には着陣するだろう。総数二万五千という大軍だ。

信長は京に滞在したのち、五日には出発する。嫡子信忠軍も出陣するという大掛かりな態勢なのは、三月の「武田攻め」につづいて、信長は毛利攻めでも自分で詰めの指揮を執るつもりだからだ。

(武田攻め……この年の二月、織田軍は嫡子信忠を先陣大将に、明智光秀、滝川一益など数万という大軍で信濃口から甲斐へ進み、三月には甲府に乱入した。武田当主の勝頼は天目山に逃れたが、十一日になすすべもなく自刃し、甲斐の名門武田氏は滅んだ。信長が安土を発ったのは三月五日で、戦闘指揮をする必要もなく、自軍の戦いの跡の見物といった趣《おもむき》だった)。

信長親子は九日以降に前後して高松に着くだろう。すると織田軍の総数は七万を超える。毛利が全軍を集めても四万が限度だから、勝負は決まったようなものだ。

当面、毛利軍の攻撃に耐えなければならないが、実は毛利とは和平交渉を進めている。経過は逐次《ちくじ》信長に報告してあるし、指示も受けている。そうしなければ独断専行をとがめられるから当然のことだ。秀吉は三木城攻め以降、信長への〝報告、連絡、相談〟を欠かしたことがなかった。

毛利との交渉

交渉の切り札は眼前の高松城に籠もる城将清水宗治以下二千人の命だ。すでに水位は上がり、城の石垣を越えている。このまま水量が増えれば、城兵は溺れ死ぬ。周囲の山々と堤防には織田勢が布陣しているから、彼らは逃げることもできない。

早く講和にしないと二千の命が危ないとの脅しが効いたのか、毛利は美作（岡山県北部）、伯耆《ほうき》（鳥取県西部）以外に備中（岡山県西部）、出雲（島根県東部）、石見《いわみ》（島根県西部。備後＝広島県東部とも）を手放すとの条件は呑んだが、もうひとつの〝城将宗治を切腹させる〟との条件には応じていない。

頭が痛いのは、はるばる中国までやってくる信長にどうやって花を持たすかだ。

信長は毛利との決戦を望んでいる。一気に毛利を潰《つぶ》したいのだ。

（信長は秀吉が指揮をした西播磨の上月城攻防戦のときも、毛利が出陣すると聞くと、自分も出陣して毛利と雌雄を決するつもりになったが、このときは幕僚から、主力軍同士の戦いにならないと出陣を止められた経験がある。今回、出陣するつもりになったのは毛利軍と決戦になると見たからだろうが、毛利が講和を求めた場合の処理も自分でするためだ）。

ところが、毛利は条件を出してくるだけで攻撃してこない。織田と決戦する意思はないのだろうか。となると、信長を満足させるにはどうしたらいいのだろうか。

無理にでも、交渉を破談として毛利を攻撃するか。それとも、毛利当主の輝元と毛利を支える小早川隆景、吉川元春の両将に臣下の礼をとらせれば、信長は満足するだろうか。

このあたりのことは、両陣営を行き来して交渉のまとめ役をしている毛利の外交僧（武家の外交を担った禅僧）安国寺恵瓊《えけい》と十分に打ち合わせなければならない。

水没している高松城もこのまま残して、最後の処置は信長に任せたほうがいいだろう。いまは逆に城兵の命が信長到着までもつか心配だ。

水かさが増えないように貯水量を調節しているし、毛利方が夜間、筏を組んで食料を運び入れているのも黙認している。そうでもしなければ、城内の将士は飢え死にしてしまうからだ……。

本能寺の変の当日、秀吉の心配はそんなところだったろう。

秀吉は本能寺の変をどうやって知ったか

秀吉が信長の死を知ったのは〝光秀が毛利に遣わした使者が誤って秀吉の陣に紛れ込んで捕らえられ、毛利宛の書状が見つかったから〟というのが従来からの**通説**で、いまも信じられている。

秀吉は、情報が毛利だけでなく自軍に漏《も》れるのも防ぐため、すぐに使者を斬って口封じするとともに、後続の使者が毛利陣に達しないように周辺の警備を固めたという。

証拠があるわけでなく、そんなことがあったかもしれないといった程度の話だが、ほかに妥当な説明もできず、秀吉が信長の死を知った経緯はあいまいにされてきた。

通説の中には、書状を運んだのは飛脚だというものもある。

京で二日朝に起きたことを三日夜に備中に伝えたのだから、走りの専門家でなければ不可能と見たからだろう。それに、飛脚にしておけば、軍事には素人だから陣を間違えたのだと説明できるから好都合だ。飛脚は二二〇キロを（睡眠、休憩に十二時間ほどが必要だったとすると）実質二十時間ほどで走ったことになる。

ただ、飛脚の制度ができるのは、江戸時代に入って五街道が整備されてからで、幕府の継飛脚や大名飛脚、つづいて町飛脚が誕生したが、この時代はまだ書状を遠国まで運ぶ飛脚制度といったものはなく、大名家なら外交上の文書は足腰の強い家臣か旅なれている僧に託した。

飛脚を〝書状を託した足早の使者〟の意味としても、信長の死を伝える重要な文書を足が速いだけで、自身の家臣以外に託すというのもうなずけない。（明智の使者は家臣の藤田伝八郎との伝承もあるが、真偽不明）。

明智の使者は秀吉陣に迷い込んだのか

使者が光秀の家臣（あるいは光秀の用を務める僧）だとすると、秀吉の陣に紛れ込んだという説明はあてはまらない。

武士や外交僧なら、秀吉の本陣の場所（城から東方六〇〇メートルほどの山上にあったという。太閤ヶ丘の名が残っている）や与力勢の布陣場所は知らされているだろうし、各陣には夜は篝火《かがりび》が燃え、旗印も立っているから間違えるとは思えない。

それに、光秀は信長の命令で、秀吉の陣に加わるのだから、秀吉やその幕僚と連絡を取っておかねばならないことがあったはずだ。

光秀の使者が秀吉陣に迷い込んだとしても、「怪しい奴、名を名乗れ」との誰何《すいか》に「日向守（光秀）の家臣何某でござる」と答えれば、光秀から秀吉本陣に遣わされた使者だから怪しくもなんともない。

明智の使者が秀吉の陣に紛れ込んだとするのは、秀吉が〝信長の死〟を知った方法を隠そうとして意図的に流した話のように思われる。

秀吉は信長が光秀に討たれたとの報せを〝信長の周辺に置いた情報提供者からの報せで知った〟が、〝提供者の名前は秘密にしなければならない〟し〝信長の情報を極秘に集めていたことを知られる〟ので、事実を隠すために作った話と考えられる。

明智の使者は六月三日夜には着いたのか

情報の伝達にかかった時間もおかしい。

本能寺の変で信長が討たれたことは、四四キロほど離れた安土城下に昼前には伝わったという。信長に仕える小者が本能寺の炎上と光秀勢の勝ちどきを見て（まだ二条城で信忠は戦っていたが……）、すぐに安土を目指したとすれば、なんとかこの時間に着けただろう。（四時間で四四キロだから、マラソン選手の半分ほどのスピードになる……）。

しかし、京と備中高松間は二二〇キロある。使者が秀吉陣に着いたのは三日夜とされるから、二日中になんとか兵庫あたりまで行ったとしても（十時間で七五キロあまりを走ったとしても）、三日は夜明けから十五時間ほどで、一六〇キロを走破しなければならない。

途中には峠も川もあり、食事や身体を休める時間も必要だから、この距離を一人で走り抜くのは鍛えられた走りの専門家でもない限り不可能だ。

馬を使ったとするとどうだろう。当時の馬は体高一三〇センチ、体重二〇〇キロほど（現在のサラブレッドは一六〇センチ、四〇〇キロを超える）、人を乗せて時速二〇キロほどで走れる距離は二〇～三〇キロで、それ以上は休みを入れなければならず、各宿場に替え馬を用意したなら別だが、長距離の高速移動ができたわけではない。

それに当時は蹄鉄《ていてつ》がなく、街道を行くときは藁沓《わらぐつ》をはかせたが、無理をすれば脚を痛めた。（競走馬は時速六〇キロほどで走るが、持続距離は二キロほどと短い。映画、テレビの時代劇では火急の報せをもった武士が大型馬に乗って疾走する姿がよく出てくるが、そのような場面はなかった。ポニーのような馬に乗ってトコトコ走ったのでは緊迫感が出ないから、映画やテレビではそうするのだろう）。

一日に一六〇キロを移動するのは各宿場に替え馬の用意があるか、使者が交代（リレー）しない限り不可能な移動距離で、信長討たれるとの情報を持った〝明智の密使が走り切った〟という説明は成立しない。

では、誰が秀吉に伝えたのか

だが、使者が秀吉の家臣なら話は別だ。

すでに播磨から備前岡山までの山陽道は織田信長の勢力下にあったから、街道沿いの領主は戦場からの緊急情報を伝える使者のための馬（伝馬）を用意するように命じられていただろう。それに加え、秀吉は沼（備前）、姫路、明石（播磨）などの自分の管轄する領城だけでなく、兵庫、尼崎、高槻などの摂津の宿場にも、独自に緊急連絡用の伝馬を置くなどの情報伝達システムを作っていたと思われる。

信長は家臣の独断専行を嫌い、常に戦況の報告を求めるから、それを知る秀吉なら当然の用意だ。

このシステムを使えば、京からでも三日の夜には秀吉本陣に情報を伝えることができる。秀吉は中国方面軍の司令官に任命され、播磨へ派遣されたときも、信長とはひんぱんに連絡を取り、自ら陣中を抜け出して信長の指示を直接受けてもいる。

現在の情勢はどうなのか、なぜ力攻めをしないのかなどを説明して承諾を得ておかないと、ある日突然解任されたり、高野山行きを命じられたりするからだ。

これだけ信長について警戒した秀吉だから、信長とはひんぱんに連絡を取っただけでなく、京と安土には信長の動向についての〝情報提供者〟を置いたと思われる。

信長の横死は秀吉の情報提供者が秀吉の京屋敷に報せて家臣自らが姫路まで伝えたか、信長の死を知った京屋敷の家臣が姫路まで伝え、その後は秀吉独自の伝達システムを使ったと思われる。

情報源は誰か

情報提供者として考えられるのは信長の側近や村井貞勝（京都所司代役）の配下で、信長の動向を伝えてもらう契約だったろうが、有力商人や公家にも手を回していたと思える。

彼らから〝上様は、一日は本能寺で公家衆と茶会、夜は島井宗室殿（博多の豪商）と会談。京には四日までご滞在の予定〟と報告があれば、〝上様が京でゆっくりされているのは戦況に緊迫感をもっていないということで、すでに毛利との決戦は念頭にないということか。宗室と会ったのは毛利戦のあと、九州に攻め込むつもりで、宗室にそのための準備を命じたのだろう。毛利も攻め滅ぼさずに、九州攻めの先陣を命じるつもりかもしれない〟などと推定できるのだ。（信長は遠征軍の主将から報告をさせるとともに、側近を軍監として同行させ、遠征軍主将の采配や戦況を報告させていた。主将からの報告が事実を隠したり、誇張したりするのをチェックするためだ）。

秀吉が〝信長が討たれた〟と知ったのは京からの情報を家臣がつないだもので、使者の到着が三日夜とすると、時間的にそれ以外の方法は考えられない。

四日になって秀吉の陣に、京の長谷川宗仁《そうにん》からの使者が到着して〝信長の死〟を伝えた。長谷川は町衆から信長の直臣《じきしん》となり、側近にあって諸事差配の奉行をしていた。秀吉はそれに目をつけて親しくしていた。

この宗仁からの報せで、信長の死が真実と確定した。（誤報だとしても、信長の側近からの報せだから、秀吉には主君の仇を討つために軍を返すとの名分ができた）。

なぜ信長は自ら出陣する気になったのか

秀吉から、毛利輝元、吉川元春、小早川隆景といった毛利本隊が出陣すると聞くと、信長はすぐに自らも出陣すると決め、明智光秀には先発するように命じた。

毛利が全軍で出陣すれば、四万ほどになる。秀吉には援軍が必要だが、明智本隊とその与力勢の二万五千を送り、それに加えて、信忠に二万ほどをつけて派遣すれば事足りたはずだ。自ら備中に行くと言わなければ、命は落とさずにすんだのだが、なぜ出陣する気になったのだろう。

これより五年前の天正五年（一五七七）十月、秀吉は信長から播磨侵攻を命じられると、地元の情勢に精通している黒田官兵衛を先手《さきて》として、またたく間に西播磨を支配下におき、余勢をかって美作《みまさか》国境に近い上月《こうづき》城を落とし、そこに尼子勝久、山中鹿之助主従七百人を入れた。秀吉勢は破竹の勢いだった。

ところが、翌六年四月に三木城主の別所長治が反旗をひるがえし、毛利がそれに呼応して軍勢を繰り出して上月に迫った。

秀吉からの報告を受けると、信長は自ら陣頭に立って毛利との決戦を指揮するつもりで、まず信忠に明智、佐久間信盛、滝川一益、丹羽長秀勢ら動員可能な三万ほどを付けて播磨に向かわせた。ところが、毛利に織田と決戦する意思はなく、上月城を囲むように山間に拠って陣を敷いたので、諸将は攻めかかれない。攻撃すれば味方を損なうだけだ。

それに、武将たちはそれぞれの担当地域からかりだされたもので、連戦の疲れがあり、無理をしてまで秀吉を助ける気もなかった。

信長は軍監から毛利が山岳に拠って守りを固めていると聞くと播磨行きを断念した。信長が望んだのは毛利との決戦で、小競り合いではなかったからだ。

秀吉の追従策が信長の死を招いた

上月城が毛利勢に囲まれたとき、秀吉はひそかに陣を抜け出すと（天正六年六月十六日）、京の信長のもとに走って窮状を説明し、信長自身が出馬して諸将に攻撃を命じてくれるように嘆願した。

だが、戦況を知る信長は応じず、逆に上月城と尼子勢は見捨てるように命じた。不利な状況での毛利との戦いを避けたのだ。

このとき、信長も自軍の力のなさに切歯扼腕《せっしやくわん》したはずで、〝毛利の息の根はいつか自分の手で止める〟と決意しただろう。

秀吉の行動は与力の尼子勢を助けたいとの情と自らの勢力範囲を守りたいためだが、わざわざ陣を抜けて京にまで行ったのは、信長の信頼を得るためと信長に貸しを作るためのパフォーマンスと思われる。

秀吉は備中に攻め入ったとき、なんとか毛利との決戦を演出して、今度こそは信長の出番を作りたいと考えたに違いない。つねに、信長にへつらう姿を見せておかなければ、重臣でも平気で追放するのが信長の流儀だ。

信長に中国への出陣を求めた理由

通説は「予想外の毛利全軍の出現にあせった秀吉は、あわてて信長に使者を送り、援軍を要請した」とする。だが、秀吉が援軍を必要としても、信長自身の出馬を求めたのは信長に対する追従《ついしょう》策だ。

〝毛利の本隊が出てきました。毛利は中国の太守ですから、詰めの戦いはこの秀吉では荷が重すぎます。上様ご自身がご出馬の上、采配をお振るい下さい〟と信長の顔を立てたのだ。

ところが、毛利本隊は姿を現わしたものの、秀吉勢と戦うつもりはないらしい。秀吉が信長到着までの時間をかせごうと講和をもちかけると、すぐそれに応じてきた。

こうなると、信長自らが遠征する理由は薄れてくる。

そこで、秀吉は〝上様がご出馬されると聞くと、毛利は講和を求めてきました。毛利を叩き潰すか、あるいは与力として織田の旗下に置くか、ご出馬の上ご指示下さい〟と演出して、信長の出陣をさらに求めたのだろう。

織田家中には、〝秀吉は自分の力で毛利を倒したと自慢している〟などと中傷する者もいただろうから、そのための対応策でもあった。中傷が信長の耳に入れば、機嫌を損じ、追放された佐久間信盛の二の舞になる可能性もあると心配しただろう。

（信盛は織田家の重臣だが、〝本願寺攻め〟の失敗を糾弾されて追放され、最後は流浪先で餓死したという。このとき、信長が信盛に突き付けた〝十九ヵ条の折檻状〟を見ると、信長の狂気が分かる。秀吉もそれを知っているから、信長には徹底してへつらう姿勢を変えなかった）。

信長にも、秀吉の心づもりは分かるが、〝毛利と交渉中なら、高松行きを急ぐこともない。京での滞在を数日延ばしても、戦局に影響はない〟と考え、京に逗留して島井宗室を呼ぶなどして、早くも次の九州攻めのための準備に取りかかったと思われる。

宗室には九州各国の情勢を尋ねるとともに、兵站《へいたん》（戦いに必要な物資の補給）を任せるなどしたのだろう。信長の頭の切り替えは早い。

〝たとえ、高松で毛利が攻撃してきても明智勢を送っておけば十分。自分は九州攻めの段取りを決めてから備中に向かい、毛利が講和を望めば、条件として九州平定の先陣を命じよう〟と考えたとも思われる。

その余裕が、自らの命を落とすことに結びついた。

秀吉は自由な交渉ができた

信長の死で、秀吉は自分の裁量だけで毛利と交渉できるようになった。

交渉は毛利の外交僧安国寺恵瓊を通して行った。

恵瓊は毛利に滅ぼされた安芸武田氏の出で、安芸の安国寺の僧だったが、その博識をかわれて毛利の外交僧となった。のちに秀吉の家臣となり、大名に列せられた。

秀吉は三日の夜に〝信長討たれる〟と知ると、四日早朝には恵瓊を呼び寄せて新たな条件を示した。

城将清水宗治の切腹を条件に、現在秀吉の勢力下にある備中、美作、伯耆（の一部）以外の毛利領は従来通りとするとの和平案だったと思われる。

恵瓊はこのとき、秀吉びいきとも思える行動をする。大勢を見たということか。

すぐに毛利本陣に赴くと、主将毛利輝元らに宗治の切腹で戦を収めるように説得して認めさせ、その後は高松城に舟で渡って宗治を説得した。

生死がかかわるとき、死を司祭する僧の立場は便利だ。死を超越した仏の世界を説いて現世での死を求めることができる。

輝元らには「これほどまでに毛利に忠節を尽くした宗治に切腹を命じるのはしのびないことですが、その死によって毛利を救えるとすれば、宗治は武士の本懐を遂げたことになりましょう」と言い、宗治には「毛利はお主《ぬし》に死んでくれとは言えないし、言うはずもないが、お主一人が覚悟すれば、名は末代まで残り、城兵や毛利勢数千の命が救われます」との論法だ。

宗治が切腹を了承したのは毛利に後詰《ごづめ》（救援）の考えがないと知ったからだろう。毛利から見捨てられたのだが、そうと分かってても講和のためなら、自身の命を差し出すのも一城を任された部将の定めだった。

宗治は条件として、秀吉に小舟一艘と酒肴《しゅこう》を求めたという。酒肴は城兵との別れの宴のため、小舟は自らが乗って湖水の中に漕ぎ出し、両軍将兵の見守る中で割腹するためだ。

水没した備中高松城に、戦国の遺風が吹いた。

毛利との交渉は超スピード

両軍が起請文を交わし、講和が成立すると、秀吉軍は陣を引き払って撤退を開始した。翌五日の午後からというが、各部隊は人造湖の周囲の山々に陣を構えているから、全軍の撤退が終わったのは六日以降になったと思われる。

秀吉が四日午後には撤退したとの**説**もある。秀吉が六日夜には一〇〇キロ近くも離れた姫路城に到着したという〝中国大返し〟を説明するためだが、秀吉は主将として講和後の起請文や人質の交換、毛利勢の撤退完了の確認などをしなければ陣払いはできないはずで、高松出立はやはり五日の午後以降になったと思われる。

秀吉は信長の死を隠しての交渉で、毛利内部には講和に反対する勢力があったほどの緊張状態だったから、総司令官は毛利の撤退を見届けるまで、現場に踏みとどまる必要があった。四日撤退説はこのあとの秀吉の〝中国大返し〟にのみ目が向いた説と思われる。

秀吉が信長の死を知ってから撤退するまで四十時間余りだが、その間に秀吉は……。

一、使いを出して本陣に恵瓊を呼び、そこで講和の意思を伝え、恵瓊と相談して毛利に提示する条件を詰め、

二、恵瓊は毛利の本陣に行って秀吉の条件を伝えて説得し、毛利は輝元、小早川隆景、吉川元春の三将が集まって話し合い、講和に応じて軍を退くことを了承。

三、結論が出ると、恵瓊はとって返し、秀吉に報告したあと、人造湖に舟を出して高松城に乗り込み、宗治を説得して自刃を了承させ、

四、再び舟に乗って湖上を渡り、秀吉本陣に出向き、宗治の承諾とその要望を伝え、

五、秀吉は部下に指示して小舟と酒肴を準備させ、その小舟と酒肴を城に送り、

六、宗治は家臣と別れの杯を交わし、その後、小舟に乗って湖水に漕ぎ出して切腹。

七、それを見届けると、恵瓊は秀吉から血判の起請文を受け取り、再び毛利陣に出向いて、秀吉の起請文を渡すとともに毛利三将の血判のある起請文を受け取り、

八、秀吉の陣に出向いて起請文を渡して講和成立。
九、両軍は人質の交換をし、（ここからは五日になったと思われる）
十、秀吉は高松城の受け取りに杉原家次を派遣し、城兵は秀吉の出した舟で撤退。
十一、秀吉は毛利勢がそれぞれの陣から兵を退くのを見届けると、
十二、人造湖の周りに布陣する諸将に堤防の破壊と陣からの撤退を命じるとともに、その後の行動（中国大返し）を指示した。

これだけのことを四十時間余りでしたのだ。

毛利の三将がこの講和の道筋に反対すれば、講和は不可能で、軍を返すことはできなかったから、毛利がすでに織田に対して戦闘意欲を失っており、和平交渉も恵瓊に全面的に任せていたからできたことと思われる。

五日午後、秀吉は毛利勢の陣払いを見届けると自ら先軍となって高松から撤退した。（秀吉勢は六日午後までには撤退を完了したと思われる。軍勢は宇喜多の沼城をへて秀吉の姫路城に入るが、高松〜沼間は約二三キロ。沼〜姫路は約七四キロある。姫路からの出陣は九日早朝とされるので、八日までにはほぼ全軍が姫路に着いたのだろう）。

毛利が秀吉勢を追撃できない理由

毛利に本能寺の変報がもたらされたのは、講和成立のわずか一時間後ともいう。（毛利が信

長の死をいつ知ったかについては諸説があるが、講和後というのが定説になっている）。

〝騙された〟と知れば毛利方の怒りは増幅する。

吉川元春の嫡子元長はすぐに追撃して秀吉を討ち取ろうと主張した。

この時代は主君を失った軍勢は自壊するのが常識だし、退却する軍勢を攻撃すれば大損害を与えることができるから、元長のはやる気持ちは分かる。（退却する秀吉勢を破れば、毛利が天下を取るチャンスでもある）。

だが、小早川隆景が輝元、元春と自分の血判がある起請文を交わしたことを楯に信義は裏切れないと元長を説得した。このため、毛利は追撃しなかったというのが通説の考え方だ。

隆景は信義に厚い武将なので、彼が追撃を許さなかったとするのはうなずけるが、それは信義を重んじたというより、追撃戦の成否を考えた結果だ。

追撃といっても、まず秀吉勢の殿《しんがり》軍を相手にしなければならないから、彼らと戦っているうちに、秀吉勢は宇喜多の石山（岡山）城か沼城に入ってしまう。（高松から石山城は移動距離で一二キロ、沼城は二三キロほど）。二万以上の秀吉勢に籠もられたら、簡単には攻め落とせない。

それなら、本領はほぼ安堵できたし、〝真実は知ったが、起請文を守って追撃は控えた〟と秀吉に恩を売ったほうがいい。

毛利の考えが〝いまは軍勢を温存して、織田家がどうなるか見きわめよう。織田家中が相争うことになれば、それを見てから態度を決めよう〟となったのは当然と思われる。

毛利にとって、追撃しないのはごく合理的な判断だが、**通説**の多くは、吉川元春は追撃する気だったのに、それを抑えた小早川隆景の判断ミスで、毛利は秀吉を討つ千載一遇のチャンスを逃したと言っている。

だが、毛利が得た〝信長が光秀に討たれた〟との報せは六月五日の第一報しかなく、それを真実と判断できる材料は目前の〝秀吉勢のあわただしい撤退〟しかないのだから、信長横死の情報も、秀吉が逃げるように退陣したのも毛利勢を岡山平野に誘《おび》き出そうという信長の謀略かもしれないとの疑いもあったはずだ。

それに、講和時に人質の交換があり、毛利方からは小早川秀包《ひでかね》と桂広繁、秀吉方からは森高政らが人質になった。秀包は毛利元就の九男で、隆景の養子だ。（桂広繁は秀包の家臣。森高政は秀吉子飼いの家臣）。

通説は触れないが、毛利が追撃すれば、秀包と広繁は首を斬られるのだから、元春が追撃を主張したというのも疑問だ。

毛利方には追撃できない理由がいろいろあったのだ。

それなのに、「歴史の結果を知っている現代人が結果論で戦国武将の行動を批判するな」と主張する歴史家までが「追撃しなかった毛利の判断は間違いだった」と言っている。

中国大返しの謎

五日午後に備中高松を出た秀吉は七日夜までには姫路城に到着、九日朝には軍勢をまとめて姫路を出て京へ進撃を開始したという。

高松から姫路までは九七キロ余り、途中に峠や川越えがある道筋を全軍が三日足らずで踏破した行軍は〝中国大返し〟と呼ばれ、その移動の速さは奇跡とされた。

石山城（岡山城）までの一〇キロあまりは戦時態勢で、具足（頭、胴を守る防具。鎧《よろい》、兜《かぶと》）のままだったと思われる。それ以後は、毛利の追撃がないと分かったので、具足を脱いで行軍したのだろう。（普通の行軍でも、想定戦場の数キロ前までは軍装しない）。

具足や長柄（槍）などは小荷駄《こにだ》隊が運んだと思われるが、それにしても、当時の軍勢の一日の行軍距離は二〇～三〇キロだから、三倍の速さだ。

（海路を使って荷を運んだとの**説**もあるが、高松から岡山児島湾まで陸上二〇キロ、姫路湊まで海上六〇キロ、姫路湊から姫路城までも五キロほどある。図上では可能だが、必要な数の舟と荷役や運搬の人数がすぐに配置できたかどうか。事前の準備が必要なはずで、その時間があったとは思えない。それに**通説**は当日の天候や潮、風の状態には無関心だ。潮待ち、風待ちがあれば、街道を往くほうが確実だろう）。

通説は軍勢の移動の速さについては、ただ秀吉の卓越した指揮能力を称賛するだけだが、速さには理由があった。

秀吉は毛利との決戦には、信長に出陣を要請するつもりだった。前述したが、〝信長に花を持たす〟ためだ。

だが、信長がそれに応えて山陽道を進むとき、途中の道路が狭かったり凹凸があったりしたら、秀吉には領国の統治能力がないと判定されてしまう。

道路整備は信長の戦略のひとつで、家臣にも命令されていた。

信長は主要街道を幅三間〜三間二尺（六メートル）ほどに拡張している。

部隊の移動を迅速に行うためだが、当時の武将は敵の急な侵攻を防ぐために、道路は狭く曲がったままにしておき、道幅を広げるとの考えはなかったから、この道路政策は信長の先見性を示す例だ。

信長というと、楽市楽座や鉄砲の大量使用で他大名の先を行ったように言われるが、彼が先駆者といえるのはこの道路政策だ。

天正三年（一五七五）には、中山道《なかせんどう》の摺針《すりはり》峠越え道路（彦根市から米原市にかけて）の改修工事を行い、二万人を動員し火薬で山を崩すなどして道幅を三間に拡幅するとともに、曲線状の道を直線に近くし、美濃・京都間を一六キロほども短縮した。

天正六年には、柴田勝家に命じて、越前北ノ庄（福井市）と近江木之本間の道路の幅を三間ほどに拡げさせた（栃ノ木峠などの難所を切り開いた）。これで、安土から北ノ庄へは三間の道路

[中国大返しの経路と時間]

高松城〜山崎219km

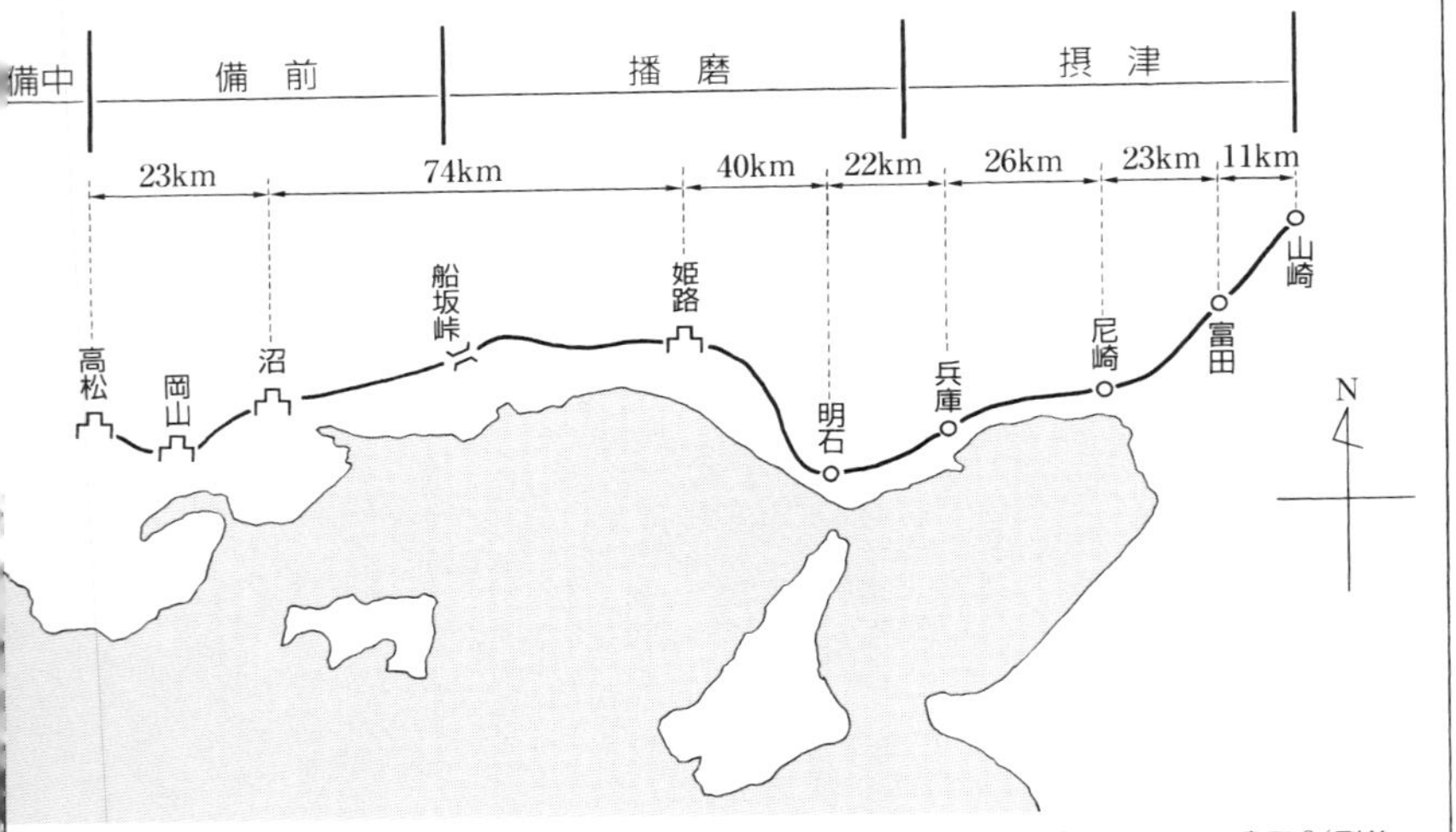

○高松城 6/5午後出発

○沼城 6/6午後着 同夕刻出発

○姫路城 6/8到着
6/9朝出発

○兵庫 6/10〜到着
6/11〜出発

○富田 6/12到着
6/13朝出発

○山崎
6/13昼布陣

がつづくことになった。

天正十年の武田攻めのあとには、甲斐と信濃に所領を与えた武将に対して「国の掟」を出し、それぞれが責任をもって領内の道普請《みちぶしん》をするように命じている。

家康も信長のために道路整備をした

道路政策は信長の重要な戦略のひとつで、それは臣下の部将だけでなく、徳川家康も十分に認識していた。

信長は武田氏滅亡のあと、甲斐から駿河、遠江と徳川領を通って安土に戻る諸国見物ともいえる予定を立てたが、家康はすぐ反応し、信長の通る道筋は両側の木を切り倒して拡幅し、邪魔な岩は火薬を使って砕き、川には橋を架け、所々に休憩のための茶屋を建てた。それは右左口《うばぐち》から本栖《もとす》（ともに山梨県）へかけての山道でも同じだったという。

家康は、信長が道路を整備しない武将は軍事能力がないと判断すると知っていたのだ。

道普請と小屋掛けなどの気づかいは浜松、豊川までつづき、「家康卿の心配り、ご苦労はいつまでもつづき、誰もが感じることであった。それはとても名誉なことで、信長公がお喜びになったのは言うまでもない」（『信長公記』）と評価された。四月中旬のことだ。

秀吉も家康の信長に対する献身ぶりは耳にしただろう。

信長の道路政策を知っていた秀吉は播磨を制圧し、備前の宇喜多を味方に加えると、山陽道を三間幅に拡幅し、難所の船坂峠では曲線部分を少なくし、川には渡しを作るなどの整備をするとともに、各宿場には部将用と荷駄運び用の替え馬を用意し、（信長の遠征に備えて）休息所や宿泊用の陣屋を新たに建てたと思われる。

秀吉も家康と同じように、信長に気に入られようと必死だったからで、その道路整備が信長の仇を討つ〝中国大返し〟に役立った。

道路の整備や休憩所の配置、兵糧の準備などは信長とその部隊の遠征のために準備し、用意したものだった。

（備前の道路整備は宇喜多にも命じただろう。宇喜多は備前と備中、美作の一部を領する太守で、秀吉の誘いに応じて織田に与力したが、当主直家が前年に病死、後継は十一歳の秀家で、直家の弟の忠家が後見していた。秀吉は秀家を庇護し、宇喜多は秀吉の有力与力になっていたから、宇喜多領の街道整備にも心配りする必要があった）。

秀吉とその幕僚、馬廻りは沼城（宇喜多の主城。高松から二三キロ）で小休止すると、乗馬を替えて六日夕方には出発、姫路城まで七四キロほどの山陽道を途中で馬を替えながら移動した。後続の徒歩部隊は高松から一〇キロの石山城（岡山城）で毛利の追撃がないと確認すると、武具は小荷駄隊に託して沼城には六日夕方には到着、同日夜には沼城を発った。

通説は足軽なども沼城から七〇キロ余りを歩いて、七日夜には姫路城に着いたというが、事実とは思えない。（一時間に四キロで、一日十八時間以上歩けば可能だが、峠や川越えなど難所もある……）。徒歩の兵の姫路到着は八日以降になったと思われない。

姫路城からの出発は九日早朝とされるが、秀吉与力軍のすべてがその時刻に出立《しゅったつ》できたとは思われない。

中国大返しは現代人へのヒントになるか

秀吉が信長の性格を知って（道路政策を知って）、山陽道を整備したことが「中国大返し」を成功させ、明智光秀との山崎の合戦の勝利に結び付いた。

信長に誠心誠意仕えたとされる秀吉だが、実際は主君の性格を読んで、もしもの事態（信長の死）にも備えていたと思われる。

毛利の外交僧安国寺恵瓊が天正元年（一五七三）に毛利家家臣の児玉三右衛門らに送った書状に「信長の時代は五年や三年はつづくでしょうが、その後は高転びに、あお向けに転ぶと見ました。（これに対して）藤吉郎（秀吉）はなかなかの人物です」とあるという。

恵瓊が信長の転落と秀吉の躍進を言い当てた言葉で、その慧眼《けいがん》（本質を見ぬく力）を示す逸話とされるが、恵瓊の「信長は高転びに、あお向けに転ぶ」との予言は、信長が〝高慢（自信過剰）のため、一気に転落する〟との予言だ。そのために命さえ落とすとの見立てだろう。

恵瓊が信長の挫折を見ぬいていたとすると、有力家臣の秀吉がそれを感じていなかったとは思えない。〝信長が高転びに、あお向けに転んで〟命を落とすことにも備えていただろう。（無謀な合戦で死ぬだけでなく、傘下の武将の謀反で命を落とすことや近臣による暗殺なども考えていただろう)。

中国戦線で戦っているときも頭のスミには〝信長の死〟があり、何があってもいいように備えていたと思われる。(当時の武将なら誰でも信長の命がいつ終わるか考えていただろう)。

現代でも多くの組織で、反対勢力が手ひとつ出せないほどの力をもった〝独裁者(ワンマン)〟がいるが、その〝ワンマン〟が日本のどこかで、毎日のように没落している事実に気づいている人は少ない。〝ワンマン〟はいつか倒れる、あるいは倒されるのだ。

信長没後、秀吉は信長の死を予測していたように、難局に立ち向かって道を拓いた。

秀吉というと、巧妙に立ち回っての立身だけが取り上げられるが、その実は自己のネットワークを作り、常に周囲から情報を得たうえで出処進退を決めていたのだろう。

光秀には情報網も、信長打倒後の統治構想もなく、秀吉にはそれがあったということか。

あるいは、秀吉も〝いつかは自分の力で信長を倒さねばならない〟と考えていたかもしれないが……。

五　賤ヶ岳の戦いと美濃大返しのトリック

——なぜあっという間に帰れたのか

天正十一年（一五八三）三月、羽柴（豊臣）秀吉勢四万五千と柴田勝家勢二万五千は北近江（滋賀県長浜町）の柳ヶ瀬から余呉湖周辺に陣城（戦場に造る応急の城）や土塁を築いて対峙した。

本能寺の変後、明智光秀を討って着々と勢力を増す秀吉に、織田家筆頭家老で越前を本拠とする勝家が戦いを挑んだのだ。（信長死後の織田家中の主導権争いといったものだ）。

両者ともこれといった攻め手がなく、にらみあいが一ヵ月に及んだとき、美濃で織田信孝が反秀吉の旗を揚げた。

信孝は信長の三男で、前年の十二月に勝家に呼応して蜂起したものの、秀吉に包囲され、実母などを人質にして降伏していた。このときは勝家の北近江進出を受けて、再び起《た》ったのだ。

四月十六日、秀吉は陣城群の守りを弟の秀長や中川清秀（摂津茨木城主）、高山右近（高槻城主）らに任せ、一万五千の軍勢を率いて美濃に向かった。

秀吉勢が北国《ほっこく》脇往還を南に急行する様を見た柴田方は好機到来と、勝家の甥の佐久間盛政らの一万あまりが二十日夜明け前から攻勢に出て、賤ヶ岳周辺の大岩山、岩崎山砦などを攻めて陥落させた。大岩山砦の守将中川清秀は討ち死にした。

これを聞くと、大垣城（岐阜県大垣市）に在陣していた秀吉は全軍にとんぼ返りを指示、軍勢は木之本（秀吉の本陣。賤ヶ岳から東二キロ）までの〝五二キロを五時間あまり〟で取って返し、柴田勢を破ったという。（「美濃大返し」といわれる。秀吉軍は大雨で揖斐川が増水、氾濫したため岐阜に進めず、大垣城に止《とど》まっていた）。

通説はこの「美濃大返し」をそのまま認めている。高松からの中国大返しがあったので、美濃でもあっただろうといったほどの認識だ。

美濃大返し

「美濃大返し」の早業《はやわざ》は中国大返しとともに秀吉の評価を高めた。

秀吉は四月二十日正午ごろに大岩山砦の陥落を知ると、近臣とともに午後二時ごろに大垣を騎馬で先発して午後五時ごろには木之本に戻った。（最後まで従った供回りは七騎だという。乗馬を乗りつぶし、替え馬もなかったためだ）。一万五千の軍勢は四時ごろに大垣を出て午後九時には木之本に着いた。

道筋は大垣から美濃街道を進み、垂井で東山道に入って関ヶ原までが一二キロ、関ヶ原からは北国脇往還で木之本までが四〇キロだが、北国脇往還は丘陵地帯を抜ける山道があり、起伏があるうえに狭く、軍勢が移動しやすくも、走りやすくもない。

トレーニングを積んだランナーが整備された平坦なマラソンコース（四二キロあまり）をなにも持たずに走って二時間半はかかるのに、長距離走などの訓練をしていない当時の武士、足軽が具足（鉄板でできた胴や兜）に脛当て、籠手《こて》などの防具を着け、槍や刀を持ち山道を含む街道五二キロを五時間で走れたとは思えない。

通説は、具足などはまとめて小荷駄隊が運んだと推理している。当時の軍勢には、荷物を馬の背に乗せるか背負って運ぶ小荷駄隊が随行していたが、急ぐとすれば馬に頼ることになる。一頭の馬が十人分の具足を運んだとしても千五百頭は必要となり、その数を揃えることも替え馬を用意することもできないから、小荷駄隊が本隊と同時間で移動するのは不可能だ。

荷を迅速に運んだ説明ができないため、小荷駄隊が琵琶湖畔まで運び、あとは湖上を舟で運んだとする**湖上運搬説**もある。だが、北国脇往還から長浜へ向かうと一四キロほども遠回りとなり、舟を使えるのは長浜から北へ一〇キロほどしかなく、木之本の近くに陸揚げすると、湖岸の山越えをしなければならないからかえって時間がかかる。あり得ないことだ。

通説は、将兵の行軍には石田三成ら近江出身の家臣が街道沿いの宿々に替えわらじや夜間の行軍に必要な松明《たいまつ》を用意するよう命じ、また村人を動員して握り飯を作らせるなどの支援体制があったとし、これで部隊の迅速な移動ができたと納得している。

だが、替えわらじや握り飯の用意だけでは、一万五千人が五二キロを五時間で走れた理由の説明にはならない。

ほとんどの走者がはじめてのコースに挑んだ第一回の東京マラソンを思い出していただきたい。

二万五千人ほどの参加ランナーの九割五分ほどが七時間の制限時間内に走ったから、一〇キロ延長して五二キロを五時間で完走できる走者も相当数はいるだろうが、条件が違いすぎる。

まず走路の幅が違う。東京マラソンのスタート地点は二〇メートルほどの道幅があったのに、

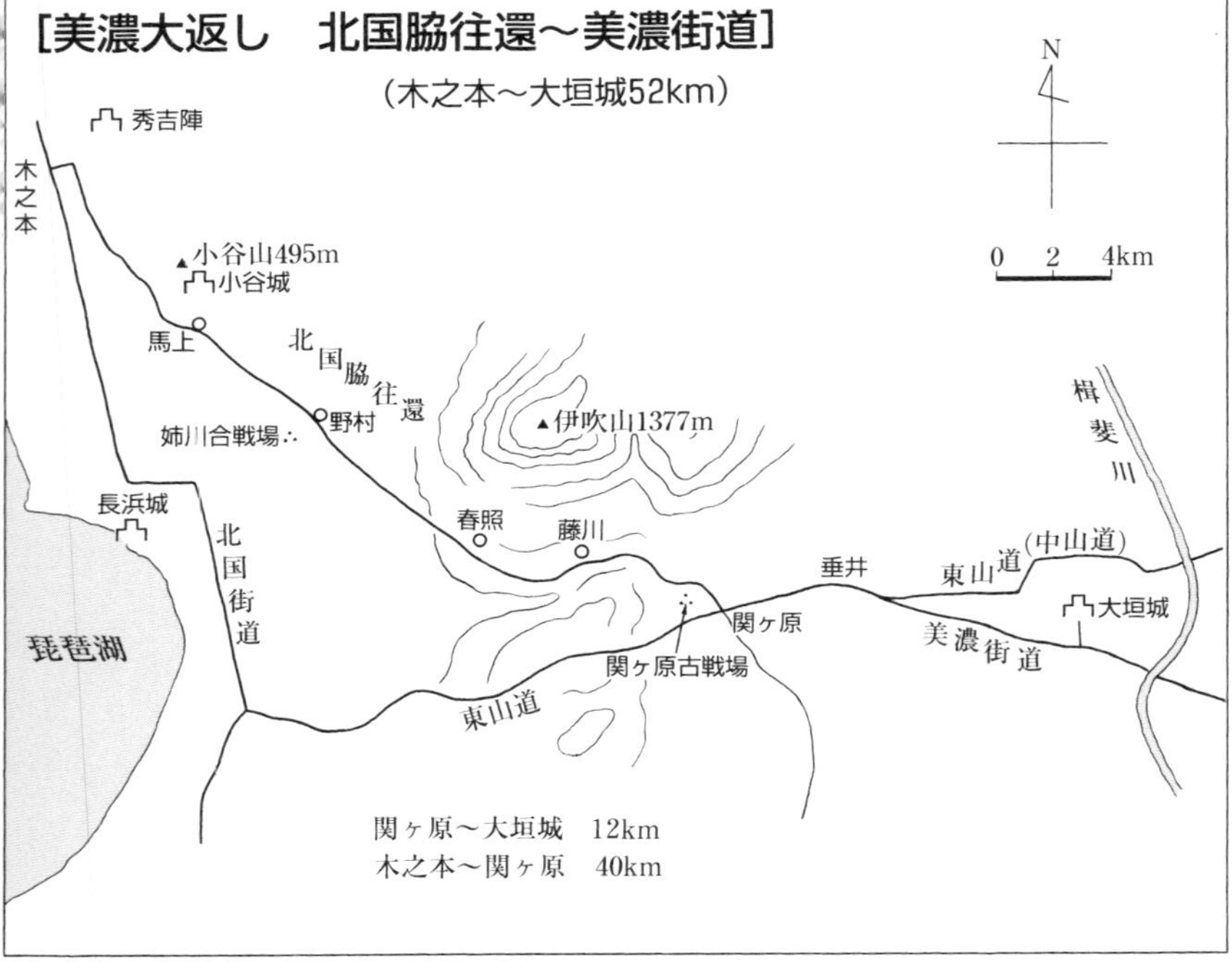
[美濃大返し　北国脇往還〜美濃街道]
(木之本〜大垣城52km)
N
0　2　4km
秀吉陣
木之本
小谷山495m
小谷城
馬上
北国脇往還
野村
姉川合戦場
伊吹山1377m
揖斐川
長浜城
北国街道
春照
藤川
垂井
東山道(中山道)
大垣城
関ヶ原
美濃街道
琵琶湖
関ヶ原古戦場
東山道
関ヶ原〜大垣城　12km
木之本〜関ヶ原　40km

二万人余りが順に並ぶと、後方のランナーは先頭から五〇〇メートルほども離れ、スタート時刻から二十分かかって、やっとスタートラインに到達できたという。

スタートしても、レース当初はコースにランナーがあふれ、前を行く走者を追いぬくこともできなかった。

賤ヶ岳の戦い当時は、主要な街道でも幅は三間（五〜六メートル）ほど。北国脇往還の道幅を二間ほどとしても、千五百人の部隊で足軽三人が横に並んで走ると、走列は一キロ以上。一万五千人となると隊列は徐々に長くなり、全員が出発するだけで一時間半以上はかかりそうだ。

健脚の部隊にとっては、前を行く遅れた部隊は妨げになったから、後方の部隊になるにつれて、スピードはどんどん遅くなっただろう。

足の速い順に隊伍を組ませて出発させれば効率は良くなるが、足早の者を選抜し、順に並べる時間の余裕があったとは思えない。それに関ヶ原から春照《すいじょう》（米原市）にかけての八キロほどは伊吹山南麓の山道だから、たとえ兵を我先《われさき》にスタートさせたとしても、五時間で五二キロを走りぬき木之本に着けたのは一割もいなかっただろう。

どう考えても、一万五千人の軍勢が五時間で移動したというのは〝誇張、嘘〟だと思われる。（七時間でほぼ全員が木之本に着いたともいう）。

一万五千人移動の真実

通説は、「秀吉は中国大返しで、軍勢の急行軍を経験していた。幕僚たちはどうすれば迅速に兵を移動させられるかを学んだはずで、そのノウハウが生きたのだ」と説明する。

中国大返しのハイライトは備前沼城と播磨姫路城間七〇キロほどを三十時間で移動したというものだ。野営や休憩の時間を十時間としても、一時間に四キロほど移動すれば達成できる計算だ。(途中峠越え、川越えなどの難所があった)。

だが、美濃大返しは五二キロを五~七時間だから、途中休みなく走ったとしても、一時間に七・五~一〇キロで、「中国大返し」とは比較にならない速さだ。秀吉勢は全員がオリンピック上位入賞選手以上の健脚だったということか。

実現不可能と思えるマジックも種あかしをすれば、「なーんだ」ということになる。「美濃大返し」もそうだ。

秀吉は木之本から美濃に向かうときに、一万五千の兵のすべてに「ゴール」は求めず、軍勢の多くは北国脇往還の宿々や関ヶ原の宿に残したと思われる。

「早駆けできる者だけついて来い。あとは状況次第で岐阜に行くか木之本に帰るかを指示するので、それぞれが宿場で指示を待て」と命じたのだろう。

理由は簡単で、秀吉は反旗を翻した岐阜城の信孝勢に対して、先制攻撃しようと急な出陣をしたものの、大雨によって揖斐川が増水し、氾濫したため、大垣・岐阜間の移動ができず、軍勢は大垣から先に進めなかった。（揖斐川は古来、氾濫を繰り返した。長良、木曽、揖斐の木曽三川《さんせん》の中ではもっとも氾濫が多いという。現在は徳山、横山ダムで流量をコントロールしている）。

ということは、信孝勢も大垣に進攻できないということで、急ぐ必要はなかったのだ。

秀吉が怖れたのは、信孝勢に北伊勢の滝川一益勢などが加わって大軍となり、柴田勢と対峙した自軍が挟み撃ちになることだが、滝川勢は秀吉の北伊勢攻撃で、その勢力を半減したままで、美濃、近江まで攻め上がるどころか伊勢を出る力もなかった。

秀吉は大事をとり、織田信雄《のぶかつ》、蒲生氏郷勢一万に警戒させていたが、滝川勢が動いたとの報告もなかった。（勝家は北近江に進出したとき、滝川一益だけでなく、紀州雑賀衆や毛利にも連絡して近江へ進攻するように求めたが、なにも起こらなかった）。

秀吉軍が信孝勢に備えるだけなら、二、三千の人数を大垣城に置けば十分だった。

このため、秀吉は木之本を出た一万五千の兵の大半は北国脇往還の宿場、馬上《まけ》（長浜市）、春照《すいじょう》（米原市）や関ヶ原などに留めて、柴田、信孝勢のどちらに向かうか様子見をしていたと思われる。

これが、「美濃大返し」の真実だ。

この事実は秀吉方なら誰でも知っていたことだが、のちに秀吉を持ち上げたい軍記作者が

「中国大返し」以上のドラマを描こうと、従った軍勢のほとんどが〝大垣から五時間で戻った〟ことにしたのだろう。

不思議なのは、信孝は前年十二月の岐阜での蜂起失敗後に、実母（信長の側室）と側室、妹、娘を人質として秀吉に出してあったのに再度決起したことだ。

柴田勢が秀吉勢と戦い、優勢になった段階での決起ならまだ分かるが、柴田勢が北近江に進出したというだけで、しかも滝川勢の北上も待たずに、危険を冒して再蜂起するとは思えない。（信孝の人質は長浜城にいた。人質救出の目途があるなら分かるが……。実際に人質たちはすべて殺された）。

こう考えると、秀吉は柴田勢と対峙したままの膠着《こうちゃく》状態を打開するために〝信孝が再度離反したので美濃に向かうとの虚報を流して、一万五千の軍勢とともに美濃に向かったと思わせ、柴田勢を陣城から誘《おび》き出すとの考え〟だったとも思われる。そのあとで信孝の始末もする考えだったのだろう。

現代の日本人は謀略を嫌い、戦国の戦いにロマンを求めるので、敵対する両軍は布陣して陣立てが終わってから、互いに喚声を上げて攻撃に移ったように考えるが、命のやり取りをする戦だから、実際は敵を騙すために謀《はか》りごとなどは当たり前だったろう。

賤ヶ岳の戦い——両軍対峙

秀吉は清洲会議（天正十年六月。織田信長死後、織田家の継承や遺領の分配を決めた）のあと、柴田方の最前線となる長浜城の柴田勝豊を攻めて開城させ（勝豊は勝家の姉の子で養子。開城後は秀吉軍に加わった）、岐阜の信孝を降伏させ（ともに同年十二月）、伊勢の滝川を攻め（十一年二月）、と攻勢を強めた。

これを見た柴田勝家は本拠の北ノ庄《きたのしょう》（福井市）から、まだ残る雪をかき分けて北国《ほっこく》街道を南下して栃ノ木峠を越え、柳ヶ瀬（滋賀県北部）に進出した（三月十二日ごろ）。

反秀吉勢力と連携して秀吉軍を挟撃する考えだった。

勝家には、甥の佐久間盛政、与力の前田利家、金森長近らが加わっておよそ二万五千。街道を扼《やく》する一帯の山々に陣城を築いて布陣した。

これに対し、秀吉も北近江へ軍を進め、木之本に本陣を置くと、余呉湖の南から東にかけての丘陵地帯（賤ヶ岳、大岩山、岩崎山）と北の神明山、堂木《どうぎ》山、それに北国街道を挟んだ左爾《さね》山に陣城を築いて、それぞれ与力武将に守らせるとともに、堂木山の山裾から左爾山の山裾まで東西五〇〇メートルにも及ぶ塁壁（防御壁）を連ねて街道を遮断した。秀吉軍は総数四万五千。

このとき、両軍が築いた陣城の数は戦国の戦いでは最多といわれる。驚くばかりの大土木工事だ。（この陣城、塁壁群については、『復元ドキュメント　戦国の城』藤井尚夫著、河出書房新社発行に詳しい）。

天正十一年四月二日、勝家は内中尾山の陣城を出ると、北国街道を南下して秀吉陣を突こうとしたが、街道を遮断した塁壁（秀吉本陣から北に四キロほど）を抜くことができず、自らの陣城に戻った。

当時の兵器では、防御用に造られた塁壁や陣城を落とすのは難しい。

両軍とも、多くの鉄砲を装備していたと思われるが、竹束を楯にして前進する攻撃方に対して、防御方は塁壁に隠れて鉄砲を撃てるので断然有利だ。

その後も小競り合いはあったものの、柴田軍は陣城に阻《はば》まれて進めず、両軍は対峙したままになった。

そして前述した四月十六日、秀吉は直率の軍勢二万のうちの一万五千とともに岐阜に向かった。（このとき、秀吉は長浜城にいたと思われる。長浜は木之本の南一五キロ）。

残りの軍勢の采配は弟の秀長に任せたが、陣城群に与力勢一万数千が籠もり、秀長も一万数千の軍勢を擁していたので、守りの心配はしていなかったと思われる。

佐久間盛政の先走り

柴田方副将の佐久間盛政は、秀吉が一万五千もの軍勢を率いて岐阜に向かうとの情報を得ると好機到来と考え、新たな攻撃策を勝家に具申した。

盛政は勝家の姉の子で、鬼玄蕃《げんば》と呼ばれた猛将、柴田方部将では最多の六千人を率いていた。

彼の策は北国街道を進むのではなく、弟の柴田勝政（勝家の養子になっていた）の二千とともにに行市山《ぎょういちやま》（盛政の陣城。賤ヶ岳から北に七キロ）から山間を南下して余呉湖に向かい、その西岸を通って、賤ヶ岳砦（余呉湖の南）、大岩山砦（余呉湖の東。賤ヶ岳砦から北東へ一・五キロ）、岩崎山砦（大岩山砦から北へ一キロ）を強襲するというものだ。（距離はいずれも直線距離。山越えの移動で難行したと思われる）。

盛政には、柴田方に寝返った山路正国から、これらの砦の構造が報告されていたという。（正国はもともと勝家の家臣。柴田勝豊の家老に付けられ、寝返った勝豊とともに秀吉に従っていた。正国は寝返ったというより勝家方に戻ったといえる。このとき、勝豊は京で病気療養中だった）。

勝家は敵陣深く侵入する策を危ぶんだが、砦を落としたらすぐに引き揚げるとの条件で認めたという。

二十日午前二時ごろ、行市山の陣城を出た盛政は賤ヶ岳に迫ると、途中の飯浦《はんのうら》（賤ヶ岳の南西）に勝政勢を待機させた。撤退するときの支援のために殿軍《しんがり》を配置したもので、山峡の道を見下ろす林に兵を伏せたというから、盛政は単に猪突猛進したわけではない。

盛政軍は夜明けの薄明かりの中、賤ヶ岳砦を囲んだが、すでに守将桑山重晴（秀吉直臣、但馬《たじま》竹田一万石城主）は攻撃を察知して逃げたあとだった。

次に山中を進んで大岩山砦を攻め、ここでは中川勢と激戦となったが、守将中川清秀を討ち取って勝利。さらに岩崎山砦を攻めたが、守将高山右近は佐久間勢の接近を知り、木之本へ退

[賤ヶ岳の戦い　両軍布陣図]　滋賀県伊香郡木之本町・余呉町付近
（現・長浜市）

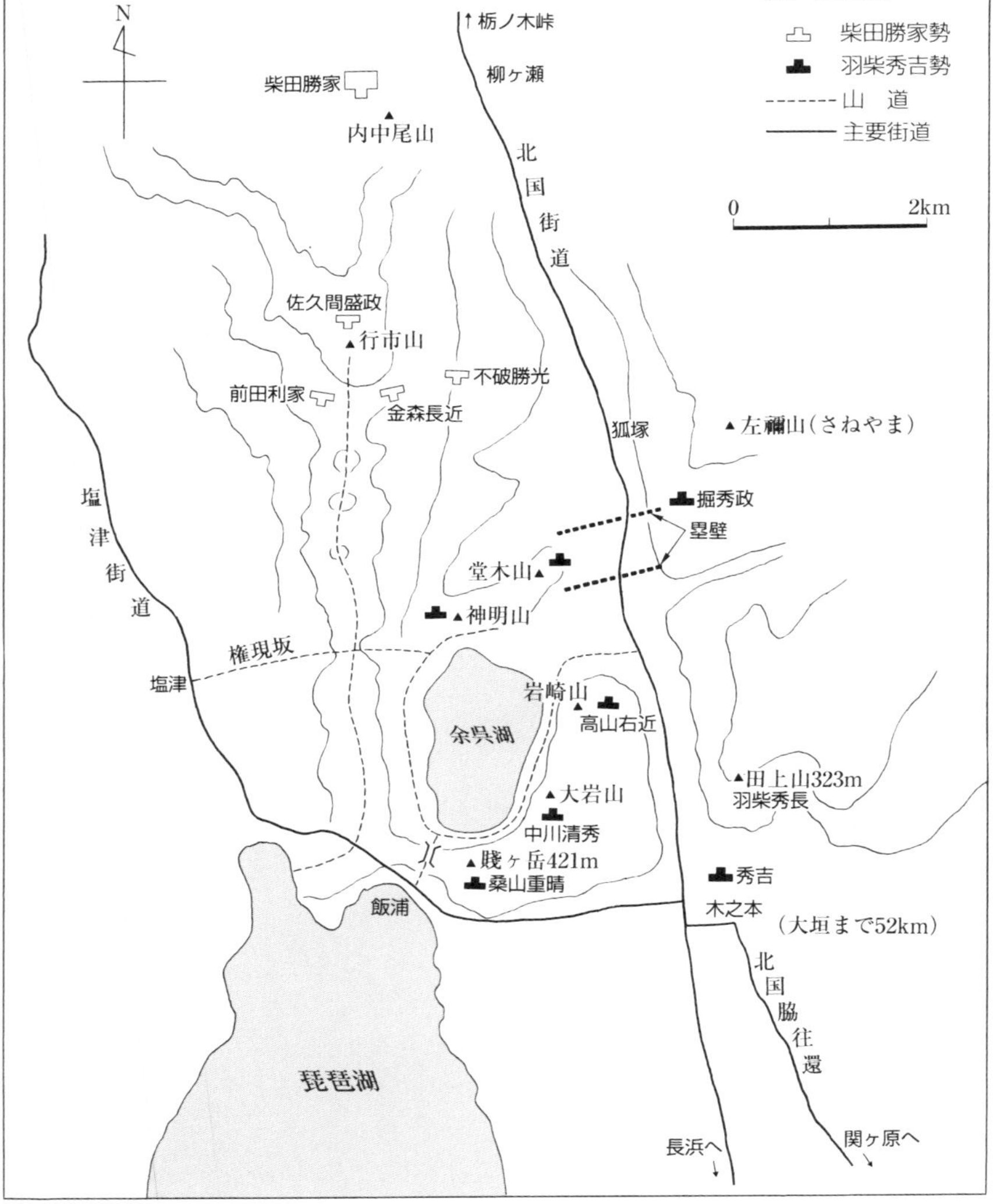

いていた。（中川、高山は明智光秀の与力武将だったが、山崎の合戦時に秀吉の与力となっていた）。

勝家の命令に従えば、盛政はこの時点で引き返さなければならなかったが、大岩山、岩崎山の陣城に籠もってしまった。

秀吉、帰陣

秀吉は木之本の本陣に午後五時には戻ったと伝わる。

途中、二頭の馬を乗り潰したという。**通説**では説明がないが、乗替えのための馬（同行した近臣用の馬も必要）があったのは北国脇往還の宿々に軍勢を留めてあり、各部隊の馬上衆用の馬が使えたからと思われる。（秀吉が全軍勢を美濃に連れて行かず、途中の宿に留めた証拠になる）。

秀吉は本陣に帰着すると大岩山の偵察をさせるとともに、木之本宿一帯に松明《たいまつ》をかかげて軍勢が戻ったと演出した。

まだ帰陣していない兵が多かったが、松明の数が増える様は美濃に行ったはずの秀吉勢一万五千が〝十三里をわずか二刻半《ふたとき》〟で走り戻ったように見え、佐久間方は信じられなかっただろう。

盛政は撤退を決めた。賤ヶ岳砦に桑山重晴が戻ったと聞いたことも、判断の材料になった。

賤ヶ岳砦は退路にあるから、秀吉方の軍勢が増強されれば、退くときに攻撃される。

桑山は賤ヶ岳砦から逃げる途中で、丹羽長秀勢と出会い、長秀からの助勢とともに賤ヶ岳砦に戻っていた。（桑山は、もとは長秀の家臣だが、秀吉に請われてその家臣となっていた。このあと一万石加増になった）。

長秀は秀吉軍に加わるため、大溝城《おおみぞ》（湖西。高島市の近江高島駅の東にあった水城）から舟で琵琶湖を渡り、飯浦《はんのうら》（賤ヶ岳の西一キロ）に上陸し、木之本に向かう途中だった。

盛政は軍勢をまとめると、夜になってから山を下り、余呉湖岸を回って行市山を目指した。秀吉勢が盛政勢を追うには一度、大岩山を越えるか、琵琶湖畔の塩津街道を西に進み、途中飯浦で山峡の道に入り、余呉湖畔に出なければならない。

いずれも山道で、軍勢を集中することができず、大岩山を越えて追撃した部隊は盛政の殿《しんがり》軍の鉄砲隊に撃たれ、飯浦を回った部隊は余呉湖へ向かう山峡で待ち構える柴田勝政勢に撃たれて追撃できなかった。

ここまでは佐久間盛政、柴田勝政隊の策に齟齬はない
秀吉は賤ヶ岳砦に入り、勝政隊の撤収を待った。盛政隊の撤退が完了すれば、勝政隊も部隊をまとめて退くはずだ。そのときが反転攻勢のチャンスと見た。

賤ヶ岳の戦いは、秀吉の「美濃大返し」や「賤ヶ岳の七本槍」（賤ヶ岳の戦いで活躍したとされる秀吉の七人の直臣）ばかりが採り上げられるが、この余呉湖周辺の丘陵地帯での戦いは、城攻

めが目立つ秀吉の戦《いくさ》の中で、自らが前線に立って采配を振るった数少ない戦いの一つだ。

賤ヶ岳七本槍、あやしい感状

二十一日の夜明け前になって柴田勝政隊が撤退をはじめた。

秀吉はすぐ全軍に追撃を命じた。

〝勝政危うし〟と見た盛政は部隊を戻し、秀吉、盛政両軍は余呉湖北西の山間で衝突した。秀吉勢には与力の各隊も加わり攻勢をかけるが、盛政勢もよく戦って勝敗の行方が見えない。(この戦で、大谷吉継、石田三成が一番槍の戦功をあげたという)。

このとき、佐久間盛政軍の後備えの役割を果たしていた前田利家勢二千が急に動き出し、塩津に向かって山を下りはじめた。裏切りとも思える戦線離脱だ。前田勢の動きを見ると、金森長近、不破勝光の与力部隊も後退した。(兵力は三将合わせて四千人ほど)。

これで、それまで必死に秀吉軍に対して持ちこたえていた盛政、勝政勢が崩れ、戦いは山中での追撃戦となった。

賤ヶ岳七本槍といわれる秀吉子飼いの部将が活躍したとされるのはこの戦いだ。

七人は福島正則、加藤清正、加藤嘉明、脇坂安治、平野長泰、糟屋武則、片桐且元で、いずれも秀吉の直臣だ。

戦いの後、正則に五千石、他の六人に三千石とそれぞれに感状（功績を挙げた武士への賞状。

戦功証明書の意味がある）が与えられた。（年齢は嘉明、清正、武則、正則が二十〜二十三歳、長泰二十五歳、且元二十八歳、安治三十歳。他に桜井佐吉、石川兵介の二人がこの戦いで感状と知行を与えられている）。

だが、七人が本当に戦功をあげたのかは分からない。

感状にも具体的な戦功の記述はなく、文面も同一で次のようなものだ。

今度、三七殿（信孝）が謀反したので大垣に居陣していたところに、柴田修理亮（勝家）が柳ヶ瀬に侵出してきたので、柴田と一戦すべく馬を走らせて戻ったが、（汝は）心がけがよいので早々に駆けつけ、秀吉の眼前で一番槍を果たした（真っ先に攻め込んだ）。その働きは比類ないもので、褒美として三千石を与える。

天正十一年六月五日　　秀吉（花押）

○○○○殿

もともと感状の文は簡単なものだが、戦功について「頸《くび》一つ討捕」などと具体的に書いたものが多い。ところが、七本槍に対する感状にはその記述がないだけでなく、秀吉は〝大垣から馬を走らせて戻った〟が、清正らについては〝心がけがよいので〟早々と駆けつけて活躍したとしか書かれていない。清正らがどこにいたか、どこから戻ったかは書いてないのだ。

途中の宿に軍勢を残した〝美濃大返し〟のトリックを与力の諸勢や毛利や徳川などの大名に見破られないように（秀吉自身の行動力や神出鬼没性を宣伝するために）、感状の文は清正らがどこから駆け付けたかをあいまいにしたと思われる。

もともと、清正らに対する感状は賤ヶ岳の武功に対してだけのものではない。秀吉は彼らを早く独立させて家臣をもたせ、秀吉直率の家臣団を増やすために、無理にでも感状を与え加増したと思われる。

子飼いといえる七人だが（安治、且元は浅井の臣だった。武則は播磨の出）、俸禄は二百～三百石だから、家臣は従者がいるかいないか程度だ。大幅加増となれば、彼らの総石高は二万石ほどになり家来を雇えるから、秀吉は五百人ほどの直率軍を作ることができる。

四万五千もの軍勢を率いるようになった秀吉だが、本人が成り上がりだから、代々仕えた家臣はいない。与力の武将はもともと織田信長によって組下とされただけで家臣ではない。彼らが戦功をあげて所領を増やすにつれて、彼らに匹敵する身内の武将を育てる必要があったのだ。

そのために、追撃戦に投入した子飼い部将に、わざわざ感状を発してまで石高を増やしたものと思われる。

彼らを数千人の兵を率いる武将に育て上げるための方便だった。

柴田滅亡

秀吉軍は佐久間盛政、柴田勝政勢を圧倒、盛政配下の侍大将の拝郷家嘉《はいごういえよし》、山路正国を討ち取った。

主将の柴田勝家が黙って見ていたわけではない。二十一日早朝に北国街道を南下して盛政勢の援護に向かおうとしたが、左爾山の堀秀政が山を下りて側面を攻撃する構えを見せ、前面の塁壁には秀長軍が進出したので、進むことも権現坂（余呉湖北岸から塩津に通じる峠道の坂。主戦場のひとつ）に向かうこともできず、狐塚（北国街道）で止まってしまった。

二十一日昼前、盛政、勝政隊は北国街道の柳ヶ瀬や塩津方面へ壊走、勝家は止《とど》まって戦おうとしたが、部隊は後崩れし（兵が逃げた）、従う兵は三千人ほどになった。勝家はやむなく本拠北ノ庄（福井市）へ向けて落ちていった。

栃ノ木峠を越えたとき、勝家に従う者は数百人にまで減っていたという。この峠道はかつて織田信長の命で、北陸と安土を短時間で結ぶために勝家が開削したものだ。

勝家勢というより勝家一行は途中、府中城（越前市）に戻っていた前田利家を訪ねた。勝家から見れば利家は裏切り者だが、勝家は利家にこれまでの与力としての働きに礼を言うとともに、秀吉に降伏するようにと言い添えたという。

降伏すれば北ノ庄攻めの先鋒を命じられる公算が大きいので、勝家としては自分に刃向かうことになる利家の気持ちを楽にするために配慮したといわれるが、わざわざそれを伝えに府中に寄ったとも思えない。

利家は秀吉と親しく、四女豪姫を秀吉の養女にしたほどだが、勝家も「親父様」と呼ぶ仲だったから、助勢を依頼したのだろう。

この〝秀吉に降伏するように勝家がすすめた〟との話は小瀬甫庵の『太閤記』から出たもので、甫庵が太閤記を書いたとき、彼の息子は前田利家四男の三代藩主利常に仕えていたし、自分も前田家から俸禄を得ていたから、前田利家を悪く書くことはできない。それで、利家が秀吉に与力するのは勝家からすすめられたものとの話が作られたと思われる。

甫庵の立場からすれば、府中城に立ち寄った勝家が利家に「北ノ庄に籠もるから一緒に戦ってくれ」と頼んだのに、利家が「冷たく拒否した」としても、そうは書けない。

利家の戦線離脱については、秀吉の調略で、〝秀吉方に味方する〟あるいは〝寝返りまではしないが、中立を保つ〟との密約があったというのが**通説**だが、利家とすれば、勝家の身内でも譜代でもなく、ともに滅びるほどの義理もないので、秀吉からの調略がなくても、勝敗の帰趨を見て柴田方が負けそうなら退散するつもりだったろう。

たとえ、柴田方の負けが決定的になったあとでも、〝親戚付き合い〟の秀吉なら話をつけられると考えていたと思われる。

秀吉は二十二日に府中に入り、翌二十三日に利家勢を先鋒として北ノ庄に入り城を囲んだ。

その夜、勝家は城内で最後の酒宴を催し、室のお市（信長実妹、前浅井長政室）に城を出るように勧めたが、お市は三人の娘（長政との子、長女は秀吉側室、二女は京極高次室、三女は徳川秀忠室となった）を城外に出して自らは城に止まった。

翌二十四日、勝家は城内でお市を刺し殺したのちに自刃し、秀吉の天下取りの道が一気に開けた。

美濃大返しの秘密

「美濃大返し」のトリックは現代まで明らかにならず、秀吉とその幕僚が大垣から木之本まで迅速に兵を返したのは真実とされ、秀吉の用兵の妙として後世に伝えられてきた。

美濃の信孝勢と目前の柴田勢に対応した秀吉の鮮やかな二正面作戦と思われたからだが、柴田勢を誘《おび》き出す目的で、旗下の軍勢の大半を〝美濃攻略〟を隠れ蓑にして、敵の目から隠したと見るほうが事実に近いと思われる。

秀吉は、天下を目指すためにはまだまだ反対勢力が多く、柴田勢の討滅に時間を費やすことができなかったから、（戦線の膠着状態を打破するためには）なんとしても柴田勢と一戦を交えなければならなかった。

戦いになれば、彼我の戦力差や構築した陣城や塁壁からしても、柴田勢に勝てるとの読みと自信があったからこその作戦と思われる。

前述したが、「美濃大返し」の発端になった〝信孝の岐阜城での反秀吉の旗揚げ〟というのも怪しい。

信孝は清洲会議の結果、美濃一国を与えられることになったが、彼の望みは信長の後継者と認められることで、目の上のたんこぶは信長の後継を狙う秀吉と、織田家の正統を主張する信長次男の信雄だ。

信雄はすでに尾張、伊賀など百万石を領し、秀吉軍に加わっていたから、信孝としては柴田に加担して秀吉と信雄を討つ以外に、織田家の正統な跡目となる方法はなかった。

とはいえ、信孝は秀吉に母、室、妹、娘を人質として差し出している。その信孝が人質返還の交渉もせずに（長浜城に軟禁されていた人質の奪還を試みるのでもなく）、反秀吉の旗揚げをするとも思えない。

やはり〝美濃で信孝が蜂起した〟というのは秀吉の作り事だったと思われる。

もっとも、信孝も蜂起の準備はしていたはずで、秀吉に口実を与えるような〝攻撃の準備〟や〝多数派工作〟はしていたと思われるが……。

六　関ヶ原の戦い

――大合戦の舞台裏、家康のドタバタ劇

関ヶ原の戦いは、徳川家康の率いる東軍が勝利を収めた。

慶長五年（一六〇〇）九月十五日の朝八時ごろからはじまった戦いは、午後二時には決着がつき、家康は三時には首実検をした。東軍、西軍それぞれ七万人以上が集結し、天下分け目といわれた戦いはわずか六時間で終わった。

家康は東軍を自在に操って合戦に完勝し、天下人としての地位を勝ち得たと現在ではごく普通に思われているが、そうだったのだろうか。

戦いまでの経緯

通説に従って関ヶ原の合戦を見ていくと……。

慶長三年（一五九八）に豊臣秀吉が亡くなったあと、天下の政治《まつりごと》は家康ら有力大名の五大老と石田三成らの五奉行の合議制で進められることになった。

ところが、翌慶長四年に五大老のひとりの前田利家（加賀金沢八十三万石）が病死すると、家康（関東で二百五十五万石）が専横の度合いを深め、これも五大老のひとりの上杉景勝（会津百二十万石）に対して「豊臣家に対して叛意あり」と理由をつけて討伐の軍を起こし、同五年六月十八日に京を発ち、会津に向かった。（江戸到着は七月二日）。

この遠征は豊臣家の了承を得たもので、主に東国の大名が家康の命を受けて加わった。

石田三成（近江佐和山十九万石、秀吉の元側近）はこれを好機ととらえて反家康連合軍を結成しようと、総大将として五大老の一人の毛利輝元（安芸広島など百二十万石）を担ぎ出すとともに、諸将には大坂城に参集するようにとの三奉行が連署した招請状を出し、それに「内府、ちがひの条々」と題する弾劾文を添えた。（内府は内大臣の中国風の呼び名で、家康のこと。武家の長を指す。連署した三奉行は増田《ました》長盛、前田玄以、長束《なつか》正家）。「内府、ちがひの条々」には、秀吉の遺命に背いた家康の罪科十三ヵ条が記されていた。（この檄文は上杉討伐軍に加わった諸将にも送られた）。

七月十九日、宇喜多秀家、小早川秀秋勢など反徳川軍（西軍）は伏見城を攻撃し、家康に対する戦端を開いた。（西軍には毛利勢なども加わり四万にもなった。伏見城は京での家康の居城で、鳥居元忠ら千八百人が守っていた）。

それとは知らぬ家康は二十一日に江戸を出陣、会津に向かったが、二十四日下野《しもつけ》小山《おやま》（栃木県）で三成挙兵の確報を得ると、二十五日に諸将を集めて（小山評定）、「賊軍と賊将三成を討つ」と宣言し、遠征軍に加わっていた福島正則、黒田長政、細川忠興らの大名もこれに賛同した（東軍）。

彼らは三成を嫌っており、「三成ごときに天下を牛耳られてたまるか」との気持ちで、三成が家康を押しのけて政治を主導するようになれば、自分たちは冷遇されるとの考えだ。

家康はそれを利用した。

彼らも三成を討てば、家康は専横の度合いを強めると分かっていたが、家康が豊臣家を潰そうとするとまでは考えなかっただろう。

福島らは小山から引き揚げると東海道を西進し、八月十四日には清洲城（福島正則の居城）に集結、二十三日には岐阜城（信長の嫡孫織田秀信の居城）を攻め落とし、西軍拠点の美濃大垣城を攻撃しようと、東山道（中山道）の赤坂宿（大垣の北西三キロ）まで進出し、家康の到着を待った。

一方、八月十日、大垣城に進出した三成は宇喜多秀家、小西行長らに美濃集結を要請、東西両軍が大垣で対峙する形勢になった。

江戸で待機していた家康は九月一日、三万の軍勢を率いて出発、十一日には清洲城に到着、十三日に岐阜城に入り、十四日に赤坂宿で先鋒諸勢と合流した。

それを知った西軍は東軍を関ヶ原で迎撃することに方針を転換し、その夜ひそかに大垣城を出た。

西軍の動きを知ると、家康は諸将に出陣を指示、東軍諸勢は赤坂の陣を出て関ヶ原に向かい、東西両軍は関ヶ原で十五日未明までに着陣し対峙した。

夜半から降り出した雨が止《や》んだのは午前四時ごろだった。

開戦

戦いは先鋒と決められた福島正則勢の横を家康直臣の井伊直政勢が抜け出て、西軍宇喜多秀家勢と接触してはじまったという。午前八時ごろ、まだ朝もやの中だ。

井伊勢に対して宇喜多勢が鉄砲で迎撃、井伊勢も応射して、関ヶ原に銃声が響き渡り全軍に開戦を知らせた。

西軍陣の北端、笹尾山の山裾（比高三〇メートルほど）に本陣を置いた三成勢には、黒田長政、細川忠興、加藤嘉明ら豊臣系の大名一万五千人ほどが向かった。三成勢は五千ばかり、数の上では劣勢だが、島左近、蒲生郷舎《さといえ》勢を前衛にして一歩も退かない。

このとき、三成には五門の大砲があり、実戦で使ったという。

西軍最大兵力の宇喜多勢一万五千あまりも福島正則、井伊直政隊など、ほぼ同数の東軍を押しまくった。

関ヶ原といっても、平坦なのは南北一キロ、東西二キロほどで周囲は山が迫っている。

西軍はあらかじめ関ヶ原西の山裾に築いてあった柵、土塁に布陣していた。緒戦の優勢はそのためでもあった。

東軍をひるませた西軍も陣から出ると押し戻された。当時の戦闘が鉄砲主体になっており、柵、土塁から出ると、待ち構えていた東軍の鉄砲隊に撃たれたからだ。

家康は西軍の実戦部隊の総数を三万人あまりと読んでいた。

吉川広家（毛利一族。当主輝元の従弟《いとこ》）が内通し、南宮山（関ヶ原から東五キロ）に陣を置く毛利秀元（輝元の従弟）らの毛利勢一万五千余が戦闘に加わらないと知っていたし、松尾山（西軍

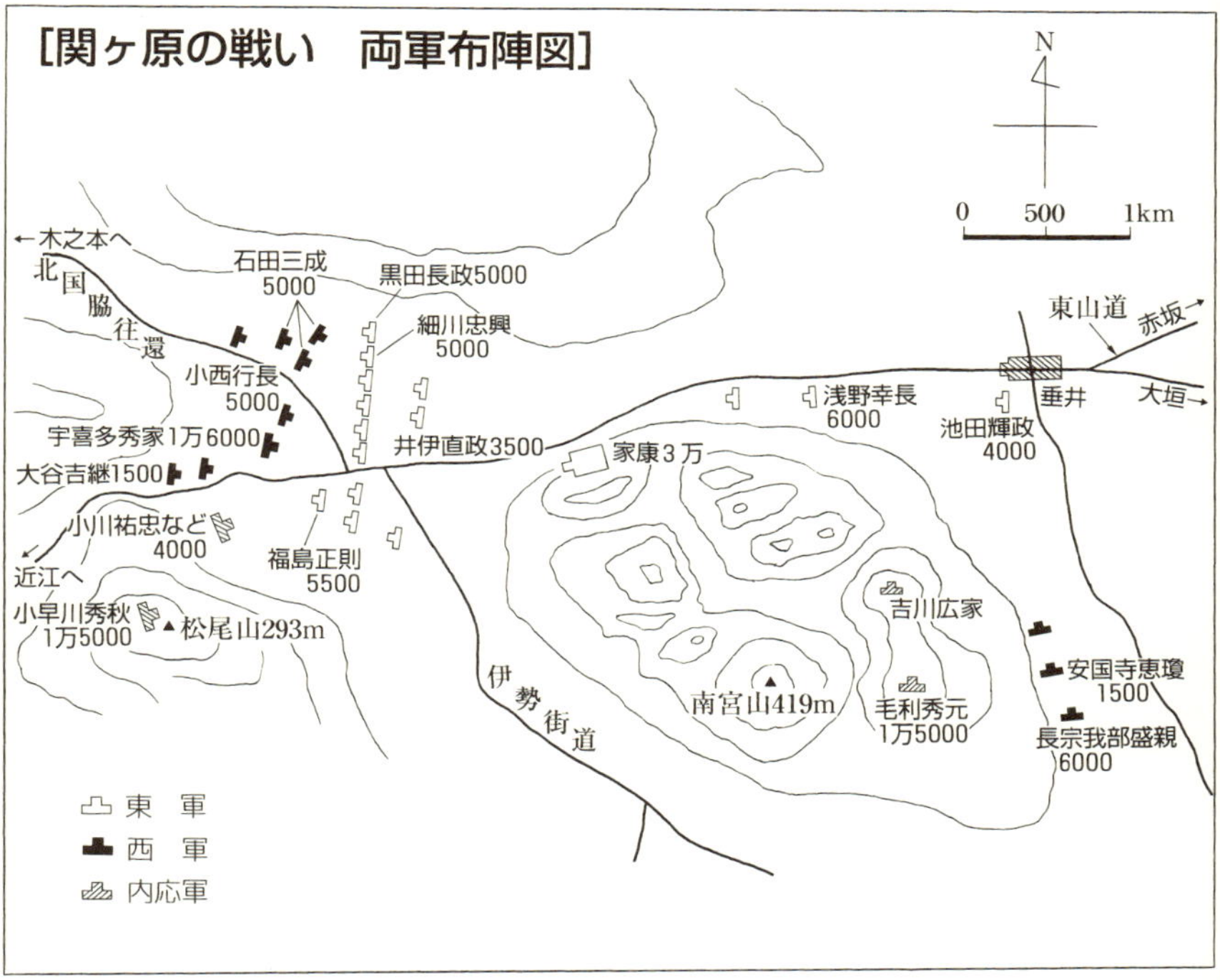

[関ヶ原の戦い　両軍布陣図]
N
0
500
1km
←木之本へ
北国脇往還
石田三成
5000
黒田長政5000
細川忠興
5000
小西行長
5000
宇喜多秀家1万6000
大谷吉継1500
井伊直政3500
小川祐忠など
4000
福島正則
5500
近江へ
小早川秀秋
1万5000
松尾山293m
家康3万
浅野幸長
6000
池田輝政
4000
東山道
赤坂
垂井
大垣
吉川広家
南宮山419m
毛利秀元
1万5000
安国寺恵瓊
1500
長宗我部盛親
6000
伊勢街道
東　軍
西　軍
内応軍

陣の南端。関ヶ原を見下ろせた。比高一八〇メートルほど）の小早川秀秋（輝元の叔父小早川隆景の養子）にも手を伸ばし、その勢一万五千余は東軍に味方すると見ていたからだ。

ところが、西軍に味方が押されるばかりで、いつまでたっても勝敗の帰趨が見えない。

それに、裏切りを約束している松尾山の小早川勢も動く気配がない。

いらだった家康は桃配山《ももくばりやま》の本陣を出ると、関ヶ原に軍勢を進めた。配下の徳川勢を戦線に投入する構えだ。

西軍の勝機といえばここだ。三成は総掛かりの合図と決めた烽火《のろし》を上げた。午前十一時ごろという。

ここで、松尾山の小早川勢と南宮山の毛利勢が山を下りて徳川本隊を突き、南宮山の東麓に布陣していた長宗我部盛親、安国寺恵瓊などの九千余りが後方から攻撃すれば、東軍は東西から挟み撃ちとなり大混乱になったと思われる。

三成の誤算

ところが、合図の烽火に誰も動く気配がなかった。

小早川秀秋も烽火は見た。両軍は一進一退といったところだ。毛利秀元勢は動くのか徳川本隊に動揺はあるのか、固唾《かたず》を飲んで両軍の動きを見守った。

毛利勢が南宮山から下りれば、家康本隊は迎撃のために軍勢を分けなければならないし、長宗我部、安国寺勢が行動を起こせば、東軍後備えが迎撃するから、遠く垂井宿のあたりに異変が起こるだろう。

だが、徳川本隊に混乱はなく、後方部隊に動きもない。

そこへ、三成からの使い番が到着し「いまこそ御陣を進めるとき、豊家のご恩に報いるはいまでござります」と参戦を要請してきた。

〝豊臣家の恩か〟と秀秋は思っただろう。自分は豊臣一門（秀吉の妻おねの兄木下家定の子）だが、秀吉によって厄介払いのように毛利に押しつけられた。

慶長の役（朝鮮出兵）のときには、石田三成ら奉行の画策によって不首尾をとがめられ、所領筑前名島（福岡市）三十万石を奪われるところだった。秀吉死後、それを救ってくれたのは家康だ。

これでは豊臣から恩を受けたとはいえない。裏切りも豊臣系大名の黒田長政から持ちかけられたもので、〝家康は大坂の近くに二ヵ国を進上する〟と約束したと言う。一方の三成からは〝秀頼君がご成人されるまで関白職をお勤めいただく。筑前名島のほかに播磨国一円をお渡しする〟との誓書が来ているが、西軍が勝利しても、三成が約束を履行するか疑問だ。加増どころか、秀頼・三成体制から排除される可能性さえ感じていた。

このとき、秀秋に桃配山の徳川勢が動くのが見えた。先備えが山を下り、隊列を整えている。木立の間に鉄砲衆、長柄（槍）衆が見えるが、ともに自軍の先備えとは数が違う。そこへ先駆けの騎馬兵が駆け戻った。西軍の布陣と現下の戦況を報告するためで、それを聞いたうえで、家康は徳川先陣勢に攻撃の相手を指示するのだろう。

軍列が整うと、数百という鉄砲衆が一斉射する雷のような発射音が聞こえた。徳川の本隊が戦いに加わることを敵味方に報せる威嚇射撃だ。鉄砲も長柄も東西両陣営の他の軍勢とは比べられない多さだ。

「この軍勢に敵対することなどとてもできない……」

秀秋は裏切りの覚悟を決め、全軍に眼下の大谷隊への突撃を命じた。

小早川が裏切ると形勢は一気に逆転、東軍が西軍陣に攻め込み勝利を収めた。

ここまでが**通説**による「関ヶ原の戦い」の概要だ。

小早川秀秋の裏切り

通説は、小早川が裏切らないことに業を煮やした家康が先陣の鉄砲衆を松尾山の麓まで進出させ、小早川陣に弾を射ち込ませ、それに驚いた秀秋が裏切りを決断した……としていた。

だが、松尾山の麓から山頂までは八〇〇メートルはあるから鉄砲の弾は届かない。銃声が聞こえても、山裾には赤座直保《なおやす》、小川祐忠勢など（東軍への裏切り部隊）が布陣しているから、誰がどこへ撃っているのかも分からない。

この説は軍記作者が現地の地勢を知らないままに、小早川裏切りのキッカケを創作したものだろう。

秀秋には、動き出した徳川三万の軍勢が圧力になった。松尾山からは、徳川の軍勢は自分の陣に向かうようにも見える。通款《つうかん》（裏切りの約束）したのに、実行しない自分に腹を立てた家康が軍勢を差し向けるとも思えるのだ。

秀秋は徳川勢の動きを見ると、急いで行動を起こした。裏切りが認められるか認められないか間一髪のところだった。

（小早川勢は松尾山に在陣していた大垣城主の伊藤盛正勢を追い出して布陣した。なぜ友軍を強制的に下山させてまで、松尾山を選んだかについては、すでに土塁で囲まれた曲輪《くるわ》や陣城が設けられ、一万五千の軍勢が陣を敷く施設があったからなどと説明されてきたが、ここが関ヶ原を見渡せ、裏切りの時機を判断するのに最適な場所だったとすると謎は解ける。盛正を追い出したのは、裏切るとき邪魔になるからだ）。

勝敗の行方は決まっていたのか

関ヶ原の戦いは、東西どちらが勝つのか分からない「天下分け目の合戦」と呼ばれてきたが、近年は、家康が裏切り工作などで周到に準備したので、〝戦う前から東軍の勝利は決まっていた〟との見方が**通説**になっている。

歴史家も、勝敗については東軍が必勝の条件を整えたとし、西軍は家康の仕掛けたワナにはまったと説明する。大軍を動かした経験のない三成では百戦錬磨で老獪《ろうかい》な家康には勝てないとの見方だ。

（家康は七月から各大名に対して、百五十通以上の書状を出して多数派工作をしており、書状を受け取った武将のほとんどが東軍に同心すると答えている。書状の内容は合戦についての指示や、味方になった場合の恩賞や加封についての約束だ）。

だが、合戦に至るまでの推移を見ると、家康が見通しを誤り、薄氷を踏んだと思える動きが何回もある。

それなのに、**通説**は〝家康は西軍と戦うと決めると、多くの選択肢から常に勝利に結びつく戦法、戦術を選び、完璧な指揮をした〟と結論づけているように思われる。

家康を神格化したい徳川幕府の意向に沿った見方とも、歴史の結果を知る研究者が〝あとから解説〟をしたとも思える。

裏切りを怖れた家康

前述したように、東軍諸将は八月十四日には清洲城に集結し、岐阜城攻略の準備をしていたが、家康は江戸を動こうとしなかった。

諸将からは「内府は自ら指揮を執るつもりはないのか。われらだけを戦わせるつもりなのか」との不満の声が出た。

その最中の八月十九日、清洲に江戸から家康の使者村越茂助が到着した。

諸将は、使いが三百石ほどの武士だったので不信感が増し、「なにゆえ、内府はご出馬のうえ、采配を振るわれぬ」と厳しく詰め寄ったが、村越は平然として「おのおのが手出しなく候ゆえでござろう」と家康の考えを代弁した。

〝諸将は三成を討つと意気だけは盛んだが、実際の行動はなく、その向背が明確でない。これでは、ご主君も諸将の裏切りが心配で出陣できない〟との意味だ。

清洲には、徳川の戦目付《いくさめつけ》として井伊直政、本多忠勝がいたが、家康の重臣が諸将の忠誠心を疑うようなことを言えば角が立つ。だが、村越は家康の書状や指示を伝える役目の使い番にすぎないから、本音を言ったところで責任はない。家康はそれを見越して軽輩の村越に自分の本音を言わせたのだろう。（村越は家康に気に入られ、側近吏僚の一人になったという）。

家康は、西軍の人数が五万、六万とふくれ上がるのを聞いて、諸将の裏切りを怖れた。三万の軍勢を率いて合流しても、西軍に寝返る武将が出れば、たちまち東西両軍の勢力比は東軍不利に傾く。そのために清洲の東軍諸将を岐阜攻めにかり立て、諸将の旗色を見る必要があった。それまでは〝裏切りが怖くて〟出立できなかったのだ。

村越の一言で、諸将は翌二十日に軍議を開き、二十二日に岐阜城攻めに出陣すると決めた。

東軍諸将は家康抜きで勝った

東軍は二十二日に木曽川を渡り、出陣した織田秀信（信忠の嫡子、信長の嫡孫）勢を敗退させ、翌二十三日には岐阜城に攻め込み、開城させた。

上流を渡河した池田輝政、浅野幸長《よしなが》らと、下流から渡河した福島正則、黒田長政、藤堂高虎らが東西から城を囲み、それぞれが持ち場を決めると一斉に攻めかかり、堅城といわれた岐阜城を一日で落とした。

（東軍先鋒勢が岐阜城を一日で落としたのは、攻め手の池田輝政がかつて岐阜城主で城の弱点を知っていたこと、秀信勢に三成勢が加勢しており、諸将のやる気が増したことなどがあげられる。秀信は上杉討伐の徳川軍に合流するつもりだったというが、出陣の準備に手間取っていたところに、三成から美濃、尾張二ヵ国をあてがうとの誘いを受け、西軍に加わっていたという。激戦だったが、最後は池田輝政が秀信を説得して開城させたという）。

この岐阜城攻めの成功で、諸将には〝家康がいなくても十分戦える〟との気持ちも芽生えただろう。

岐阜落城の報せは八月二十七日には江戸に届き、本多忠勝からの詳報も二十八～九日（晦日《みそか》）には届いたと思われる。

家康にとって、東軍諸勢が難攻を予想された岐阜城をわずか二日で落としたのは想定外だった。諸勢が岐阜攻めにかかったころに到着し、自らが仕上げの采配をして威勢を示すつもりだったろう。

〝後れを取った〟と知った家康は二十七日には全軍に出陣準備を指令し、九月一日に江戸を出発、急ぎに急いで十一日に清洲城に入った。三万の大軍を率いての行軍とすれば最速の部類に入る。

家康が急いだ理由

行軍の途中では「先遣各将は戦勝に酔い、いまにも大垣城を攻撃する勢いです」といった報告もあったろう。〝自分の到着まで西軍本隊との交戦は待て〟との命令は出したが、小競り合いから両軍の総力戦になることもある。

家康は無理にでも急いで、仕上げの采配を振るわねばならなかった。

だが、清洲に着いた徳川本隊は、急な出陣の上、十～十一日間で三六〇キロを行軍したとなると、落後した武士、足軽も多く、小荷駄隊も到着しないので、各部隊は隊列を整えることができなかっただろう。

東海道には本隊を追う何千もの徳川勢の姿があったはずだ。（大軍の移動には、行軍する部隊の糧食の手配、宿泊場所の確保、武器の運搬などの支援体制が必要だ。家康側近には、その役目を担う本多正純などの吏僚がいたが、三万もの大軍が一斉移動するというのは想定外で、対応しきれなかっただろう）。

徳川本隊の急な出撃と全軍の一斉移動は家康のミスで、〝岐阜落城〟〝東軍、大垣城攻めの勢い〟との動きを聞いて〝天下を逃す〟とあせったのだ。（西軍と決戦になる日を読んでいたのなら、それに合わせて順次、部隊を送っていただろう。行軍途中での糧食の調達などを考えれば、当然のことなのだが……）。

伏見城でさえ、四万の西軍が囲んでも、開城まで十一日もかかっているのに、家康がいないうちに、東軍諸勢が岐阜城を〝わずか二日〟で落とし、もし〝大垣城も落とした〟となれば、東軍は家康がいなくてもやっていけることになる。

通説は家康の率いる徳川本隊三万の一斉移動を「西軍を驚かせた急進撃」とほめるが、清洲での十二日と十三日は各部隊とも、足軽勢ぬきでの部隊編成をどうするかとか武具が到着しないとか馬上衆用の馬の手配が間に合わないとか大混乱だったろうから、〝急進軍〟を〝賛美〟はできないだろう。

清洲での二日間、家康は風邪をひいて寝込んだというが、そうとでも言わなければ、すぐに赤坂の陣に向かえない理由の説明ができなかった。

家康は村越を使って〝東軍諸将をあおり立てた〟がそれで自分自身がピンチになってしまった。

家康は赤坂の陣に向かった

家康は九月十三日に岐阜城に入ると、十四日未明に少数の側近とともに密《ひそ》かに城を出て、赤坂（大垣城の北西三キロ）の東軍陣に向かったとの**密行説**がある（出典不明）。

大垣城周辺を警戒している西軍勢との遭遇を避けるために北に大きく迂回したので、行程二〇キロ以上もの隠密行動になった。途中で西軍部隊に発見されるか、情報が漏れて待ち伏せされれば、命を落とす危険があったから、家康がそこまでして少人数で大垣に急いだとは思えない。

それに迂回路は長良川、根尾川、揖斐川と渡河しなければならない。渡河中に襲われれば防御の方法が限られるから、軍勢なしの行軍は危険だ。

家康は先遣部隊に敵勢がいないことを確認させながら、直率部隊を引き連れての移動になったと思われる。（家康の迂回行軍路は二八キロほどにもなる。この間、西軍の物見などに発見されれば、攻撃を受ける危険はあった）。

家康が無理をしてまで赤坂の陣に入ったのは、大垣城攻撃作戦の指揮を自ら執るためで、美濃への参戦が遅れたので、そうしないと総司令官としての立場が保てないからだ。

すでに、東軍諸将は岐阜城を落とした八月二十三日以降、赤坂に陣を進めており、東西両軍の決戦ともなる大垣城攻めを前に家康の陣頭指揮を待っていた。

諸将は家康を総大将と認め、その指示に従っていたが、家康とは主従の間柄でも、領地を与えられた関係でもない。

家康が率先して自らの軍勢を動かすとともに実戦の指揮を執り、諸将に「さすが内府、抜群の指揮ぶり。内府なくして勝利はなかった」と言わせなければ、「内府は治部少《じぶしょう》（三成）を討つと言いながら、われらを働かすだけで自分はなにもしない。諸勢を西軍と戦わせ、漁夫の利を得ようとの考えか。これでは東軍の総大将と認めるわけにはいかない」との不満も出るだろう。

あせった家康

家康は自らの軍勢を率いたうえで勝利しなければ、戦後に東軍の最高指揮官として論功行賞を行う名分がなくなってしまう。無理にでも、ここ一番の合戦での指揮を執らなければならなかった。

それに、東軍先鋒勢が家康ぬきで大垣城を攻め落とし、三成や宇喜多秀家、小西行長らを討ち取るか降伏させれば、この戦いはほぼ終わってしまう。

となると、主戦力の福島正則、黒田長政、細川忠興、浅野幸長らはいずれも秀吉の旧家臣だから、豊臣系大名が発言力を強め、彼らが石田三成や長束正家ら吏僚派に代わって秀頼の側近を固めて豊臣を守る体制ができる可能性もある。

これでは、家康の政権簒奪《さんだつ》の目論見は崩れる。家康はどうしても自分で采配を振るわなければならなかった。

それでも通説は家康を称賛する

家康は〝出陣が遅れた〟判断ミスを悔やんだに違いない。

ところが、**通説**は、家康が江戸からなかなか出陣しなかったのは〝決戦のときを読んでいたため〟で、〝一旦、決断すると電光石火の早業を見せた〟としている。

遅くても速くても、家康のすることなら、なんでもその智謀によるとする。これも結果を知る後世の歴史家が勝った家康を礼賛した評価のように思われる。

通説は江戸での家康の側近に、美濃への出陣の時期を指示できる重臣がいなかったことを見逃している。

家康は東山道を行く秀忠を心配してか、参謀役の本多正信と有力武将の大久保忠隣《ただちか》、榊原康政、酒井忠次らを随行させた。三万五千余りの秀忠軍は実績のある戦略、戦術家、戦巧者を集めて、〝オール徳川〟といっていいほどだった。

同じく有力な側近武将の井伊直政、本多忠勝は東軍先行部隊に軍監として同行していた（直政が急病のため、忠勝を派遣したという）ので、家康の側近には、美濃での戦いを予測して「先手諸将が敗退する事態になれば、東軍の勝利はおぼつきませぬ。いますぐ（徳川勢を率いて）清洲に向かわれ、ご主君自らが采配をお振るい下さい」と直言できる部将がいなかった。（側近に本多正信の子の正純がいた。父とともに智謀家とされるが、実戦指揮の経験がなく軍事的な助言はできなかっただろう）。

赤坂で戦う姿勢を見せた家康

家康が風邪のためと称して、清州で十一、十二と二日間逗留したのは、木曽路を上ってくるはずの秀忠軍三万五千の情報を待っていたこともあるだろう。

十二日に、秀忠軍が間に合わないとの確報を得たと思われる。これで、東軍諸勢に徳川軍を加えた七万余りで、西軍と戦うと心を決めたと思われる。

赤坂には昼過ぎに着いたという。家康はすぐに諸将を集めて軍議を開き、大垣城を包囲して攻め落とすと宣言し、各将の持ち場、攻撃方法を決めて城攻めの準備にかかるよう指示した。

これで、自分が東軍の総帥であることをアピールできたが、さらに大垣城を落としたあとは〝東山道を西に向かい佐和山城をぬき、京を制してそのまま一気に大坂城に入り、秀頼君を奸臣から守る〟と東軍諸将の琴線に触れる作戦を明らかにして彼らを鼓舞した。

軍議のあと、家康は赤坂の岡山に設けられた本陣で寝所に入ったという。

未明から、三つの川を渡り、二〇キロ以上も移動したのだから、疲れ果てていたはずで、すぐに寝入ったと思われる。

このとき家康は五十九歳、若くはないが、その野望が衰えることもなかった。

三成、関ヶ原へ

家康が寝ていた九月十四日午後七時ごろ、石田三成ら西軍主力部隊は次々と大垣城を出て関ヶ原に向かった。夜半からは雨が降り出したという。

東軍を迎え撃つ想定戦場を大垣城とその周辺としたのは三成だが、物見から〝家康が赤坂の陣に入り、東軍諸将は城攻めの準備に入っている〟との報せを受けると、大垣城を出ることにした。

通説は包囲の軍勢が七万を超えると見て、大垣城では支え切れないと判断したからという。（大垣城には九月三日に宇喜多秀家勢が入城して、西軍は三万五千ほどになっていた）。

城に籠もれば、三倍の敵勢と互角に戦えるというのが当時の常識だ。それなのに、関ヶ原に移動したのには、ほかに理由があったはずだ。

三成は、家康が東軍の一部を関ヶ原に向かわせることを懸念したと思われる。

関ヶ原西の山裾には陣城、土塁、柵などを構えてある。戦場になる可能性も想定し、陣地とするためだ。

ところが、関ヶ原に来るはずの毛利元康（輝元の叔父）や立花宗茂勢などが近江大津城攻めに手間取って到着せず、いまは少数の守備部隊を除けば、松尾山の小早川勢一万五千あまりと東山道を挟んでその北側の山中村藤川の台周辺に〝関ヶ原の陣の守り〟として、大谷吉継とその与力勢五千ほどがいるだけだ。

これでは、関ヶ原の陣が徳川勢に攻撃されれば、(小早川の動向にも疑念があったので)西軍は関ヶ原の陣地を失ってしまう。

ここを奪われると、近江からの後続軍は関ヶ原の手前で攻撃されて足止めされてしまう。そうなると、大垣城を守っても援軍は来ない。それで、三成は大垣城を出て、関ヶ原に向かったと思われる。

家康は出し抜かれた

家康は十五日午前二時ごろ、西軍が関ヶ原へ移動中との報せで起こされた。

家康はすぐに「全軍、関ヶ原へ」との命令を下し、福島、細川勢を先頭に各隊が続々と進発した。西軍から八時間ほど遅れている。

あらためて軍議を開き、関ヶ原での各将の持ち場などを決めなければならないが、それをすると、西軍の移動を読めなかった自らの見通しの甘さが露呈する。

それで、家康は全軍に〝西軍を追って関ヶ原へ急行せよ〟との急追策を命じたのだ。

「西軍の〝退却〟は予想の範囲だ。追撃戦になれば、追うほうが有利だから手柄は立て放題。急げ」と諸勢をあおって自らの判断ミスを隠した。(西軍は大きく南に迂回していた。東軍は直行したものの、追いつく前に西軍は関ヶ原の陣に入った）。

通説では、関ヶ原での合戦は両軍合わせて十五万八千人が戦ったというが、実際に戦ったのは、西軍の裏切り部隊と東軍の後方警戒部隊に徳川本隊を除くと、西軍は大垣城に八千ほどの軍勢を残したので三万あまり。東軍は大垣城の抑えに一万ほどを残したので、四万ほどだった。小早川勢が裏切るまでは三万対四万の戦いだった。

三成は関ヶ原に造った陣城、土塁、柵などに拠って戦えば、軍勢の少なさをカバーできるし、ここで東軍と対峙すれば、東軍の後方からは吉川広家、毛利秀元の一万五千、長宗我部盛親、安国寺恵瓊勢などの一万が進むから挟み撃ちにできると考えた。

それに、十六日には近江からの毛利元康、立花宗茂勢らの軍勢も加わるから、勝算は十分にあると考えたのだろう。ここまではそれ相当の戦略だったと思われる。

だが、松尾山の陣城に入った小早川秀秋勢は重臣の平岡頼勝と稲葉正成が東軍の黒田長政を介して、徳川への寝返りを約束していたし、南宮山の吉川広家もすでに長政を介して徳川と通じており、毛利勢ははじめから東軍と戦う気はなかった。

（黒田長政の西軍工作が関ヶ原合戦の帰趨を決めたともいえる。陣後、長政は豊前中津十八万石から筑前福岡五十二万石へと大幅な加増になった。また稲葉正成は秀秋没後、家康に呼び出されて大名になり、妻のお福は三代将軍となる家光の乳母を務め、大奥で権勢を振るった。平岡頼勝は秀秋（乱心状態になったという）に最後まで仕え、秀秋死後、家康から一万石で召し抱えられた）。

家康の本音

西軍が大垣城から出たと知った家康の本音は「しまった！　治部少《じぶしよう》（三成）にしてやられた」だろう。

家康がすぐに赤坂の陣を飛び出し、傘下の諸将が途中の垂井の宿で追いついたというのも、家康の動揺ぶりを物語る。

陣立てもせずに、諸勢の先頭に立つなどは大軍を率いる将の振る舞いとは思えない。

家康はここでも、自身の読み違いを取り返そうと〝危ない橋〟を渡ったと思える。（家康は三万の徳川軍を率いて、東軍諸勢のあとを進んだとする説もある）。

諸勢の行軍では、東軍先鋒の福島正則隊が西軍最後尾の小荷駄隊に接近しすぎたために急停止したので、後続の藤堂高虎隊が福島隊に追いついて陣形を乱すなどの混乱があった。

西軍は行軍を秘匿するため、大垣城から四キロほど南行したのちに西進し、南宮山の南を迂回して伊勢街道に入って関ヶ原に出た。行程は一二キロ以上になる。途中までは無灯火での行軍だったので進軍速度は遅く、南宮山東麓の栗原村に布陣した長宗我部陣の篝火《かがりび》を頼りに進んだという。

西軍が大垣城を出て南に進んだのは、東軍に感知され、行軍中に後方から襲われる危険を避けるためだ。

三成は関ヶ原に向かう途中、栗原村で長束正家、安国寺恵瓊と、松尾山麓では小早川秀秋の重臣平岡頼勝と会って攻撃の手順を打ち合わせた。

西軍諸勢は十五日の午前一時から五時ごろまでには関ヶ原西端の陣に着いた。

一方、東軍の進路は赤坂の陣を出たあとは大垣道、東山道経由で関ヶ原まで直行する一二キロ、西軍の半分ほどだ。

この行軍距離の違いで、西軍も着陣したあと戦闘態勢を整えるための時間的な余裕がなく、東軍に対して有利な条件で戦いに臨むことができなかった。

東軍先鋒が関ヶ原に着いたのは午前五時すぎ、七時すぎまでには全軍が着陣したが、雨が降りつづいて視界も悪く、まだ戦いは始まらなかった。

小早川秀秋の裏切りは予想されていた

関ヶ原の戦いは小早川秀秋の裏切りで勝敗が決まったとされ、**定説**になっている。

小早川の裏切りをきっかけに西軍は総崩れになったから、西軍にとって寝耳に水の出来事だったように思われるが、三成はその可能性を予見して、さまざまな引き止め策と裏切り対策を講じていた。

合戦前日の十四日に、三成が大谷吉継、安国寺恵瓊らと連署で秀秋に送った誓書には〝豊臣秀頼が十五歳になるまでは関白職に就任してもらう。筑前名島に加えて播磨国を新たに領有する。秀秋を補佐している重臣の稲葉正成、平岡頼勝にもそれぞれ近江で十万石ずつの所領が与えられる〟と記《しる》されている。

なりふり構わぬ引き止め策だが、それをしなければならないほど、秀秋の一万五千余の軍勢が必要だったのだろう。

通説も小早川隊の数を一万五千ほどとしている。他に大津城攻めで足止めされた毛利秀元、吉川広家勢も一万六千というから、西軍にとって、合わせて三万余りの軍勢の戦線不参加は大きい。

一方、東軍前線で五千以上の軍勢を率いるのは（家康直率の三万を除くと）、浅野幸長、福島正則（ともに六千ほど）、黒田長政、細川忠興（ともに五千ほど）だけで、総数も四万余りだから、家康があちこちに書状を出して軍勢集めと裏切り工作にやっきになったのが分かる。

小早川秀秋は徳川にわび状を送っていた

秀秋は家康に対し、伏見城攻めは仕方なく加わったとし、顚末をしたためたわび状を送っていた。

伏見城攻めのあと、秀秋は伊勢安濃津《あのつ》城攻めに向かったが、途中でUターンして美濃へ向かったものの関ヶ原には入らず、近江で進軍を止めてしまった。

その間、黒田長政の誘いに応じて通款（裏切りの約束）したが、なんとか合戦に加わらなくてすむ方法がないかと考えたものの、名案も浮かばずに近江でフラフラしていたように思われる。

三成は十三日、小早川勢が関ヶ原まで六キロの柏原《かしわばら》宿で止まっているところへ使いを遣《や》って参陣を促した。

翌十四日に秀秋が関ヶ原に進み、松尾山に布陣したのは、東西どちらでも勝利の瞬間に合流していないと、所領を召し上げられてしまう怖れがあったからだ。

秀秋は松尾山でどちらが勝つか模様ながめをし、勝敗の行方が見えてから参戦する考えだったのだろうが、実際に判断したのは稲葉、平岡の両重臣だったと思われる。

三成も、小早川の裏切りに備えて軍勢は配置していた。

松尾山の北、藤川台に陣を敷く大谷吉継には、小早川勢の監視といざというときの対処を頼み、松尾山北麓には小川祐忠（二千）、脇坂安治（九百）、朽木元綱、赤座直保（ともに五百ほど）勢を配置した。

吉継の軍勢は千五百ほど、ほかに子吉勝と甥木下頼継らの千余が布陣し、小早川に備えた軍勢は六千余りになった。万全ではないにしても、抑止効果はあったと思われる。

ところが、小早川勢が裏切ると、阻止部隊のはずの脇坂、朽木両隊が裏切り、赤座、小川両隊もそれに同調してしまった。

脇坂は東軍に通款していたという。合戦後、本領を安堵され、のちに加増された。朽木は通款はないものの東軍勢と誼《よしみ》を通じていたので減封ですみ、のちに本領安堵。付和雷同の赤座、小川は所領没収となった。

小早川勢が十四日に松尾山に入る決断をしたのは、後詰として関ヶ原に在陣する予定だった毛利元康、立花宗茂勢など一万五千が遅れると分かったからとも思われる。

小早川が裏切りを考えても、松尾山の山麓に西軍一の強兵といわれる毛利、立花両隊が布陣していれば動きがとれなかっただろう。

毛利元康、立花勢などは、京極高次の大津城攻めに手間取り、開城させたのが九月十五日の関ヶ原合戦の当日で、間に合わなかった。

毛利元康は当主輝元の叔父の一人で毛利家中では主戦派といえる武将、立花宗茂は猛将だから、西軍が二人を欠いたのは痛かった。

彼らがいれば、小早川の裏切りはなかった（裏切りができなかった）と思える。

なぜ小早川勢を松尾山から追い出せなかったのか

西軍諸将は小早川秀秋が裏切るかもしれないと懸念していただろうに、なぜ小早川勢を松尾山から下ろして、後方に下げるなどの安全策をとれなかったのだろう。

三成に西軍の指揮命令権があれば、十四日の午後には陣替えを命じただろうが、三成にその権限はない。

関ヶ原には五大老のひとりの宇喜多秀家がいた。（西軍最大の実戦部隊一万五千ほどを率いていた）。秀家は秀吉に可愛がられてその猶子《ゆうし》（相続権のない養子）となり、秀吉の養女で前田利家の娘を室としていたから豊臣一門だが、小早川秀秋は秀吉の室おねの兄木下家定の五男で、豊臣家の血筋だから、秀家といえども裏切りが予想されるとの理由では、小早川勢に陣替えを命じることはできなかった。

小早川秀秋は天正十三年（一五八五）に秀吉の養子になったものの、秀頼が生まれたことで、秀秋が邪魔になった秀吉は一石二鳥を狙ったか、毛利本家へ養子に出そうとした。文禄三年（一五九四）のことだ。毛利本家が秀吉に乗っ取られることを危惧した小早川隆景（輝元の叔父）が自分の養子に貰い受けて事を収めた。

諸将にとっても、豊臣一族の秀秋は主筋にあたり、しかも総大将毛利輝元の一族だ。これでは、秀秋が裏切る可能性が高いと感じても、松尾山から追い出し、後方に下げるなどはできなかった。

秀忠軍、遅れる

関ヶ原の戦いの大きな謎のひとつは、徳川主力部隊三万五千余を率いた徳川秀忠が合戦に間に合わなかったことだ。

八月二十四日、岐阜城を落とした福島正則ら東軍先鋒勢が美濃赤坂に進出したとき、秀忠は宇都宮を進発したばかりで、家康はまだ江戸にいた。

大垣城周辺では、東西両軍が一触即発状態なのに、徳川勢の動きは家康、秀忠勢ともに遅い。家康は東軍先鋒勢が岐阜城を落としたとの報せを受け、江戸からの進発を決めたとき、自らの出遅れを知り、秀忠にも使い番を送って、その後の作戦計画を伝えたと思われる。(八月二十八日ごろ)。

〝秀忠軍はいま東山道の碓氷峠あたりだろう。使い番は九月三日には高崎に入り、軍列のあとを追うから六日には塩尻あたりで追いつく。そこで(家康からの)書状を読めば、秀忠はすぐに木曽街道を美濃に向かい、十二〜三日には岐阜に着く〟との計算だ。

家康もその頃には岐阜に到着するつもりだ。そこで、諸将を集めて作戦を指示する予定だった。

ところが、秀忠への使い番は途中、豪雨による川の氾濫などで大幅に遅れてしまった。

上田城攻め

秀忠軍は九月一日には軽井沢に着いた。このあとは追分で南下して岩村田(佐久市)に向かうのだが、それを直進して二日には小諸に着いた。

二〇キロ西の上田城に、真田昌幸、信繁(幸村)親子が籠もって抗戦の構えを見せていたからで、秀忠は上田城攻撃の可否について、幕僚の意見を聞いたうえで攻撃すると決めた。

上田城には二千人が籠もっているが、その半分は農民や土豪をかき集めたもので、大軍で囲めば、それだけで逃散《ちょうさん》する兵も多いと見た。

徳川には、天正十三年（一五八五）に、家康が上田城攻撃のために差し向けた徳川精鋭軍が真田昌幸に翻弄され、敗戦した苦い過去があった。

いま上田城を落とせば、家康ができなかった真田攻略を自分が成功させたことになる。秀忠にとっては、父家康に自分の力を認めさせる好機だった。

ところが、真田勢の抵抗は頑強で、いたずらに日数を費やした。

家康からの使い番が到着したのは九日だった。

家康からの書状を読んで、秀忠はあわてただろう。家康が美濃で西軍と対決するというのに、秀忠の三万五千の軍勢が間に合わなければ、家康率いる徳川軍は負けるかもしれない。

上田に抑えの人数を残して、すぐに出発したが、この年は雨が多く、山中を往く木曽路は大軍の移動を阻んだ。軍列が通ったあとは道が崩れ、補修しなければ後続の部隊が通れないといったありさまだ。

十七日に妻籠《つまご》にかかったところで、合戦がすでに終わったとの報せを受けた。

岐阜に着いたのは十九日。二十日に大津まで進んでいた家康を訪ねるが、怒りの家康は遅参した秀忠に面会しようとせず、面会に応じたのは二十三日だったという。

秀忠の関ヶ原への遅参は誰の責任か

戦場への遅参という秀忠の失敗は、戦記作者などによって、秀忠の武将としての能力のなさをあげつらうために使われている。〝徳川家にとって重要な天下分け目の大合戦なのに、真田の小城にかまって遅れるとは何事だ〟というのだ。

通説も家康は真田攻めをした秀忠の失態をとがめ、怒りが治まらずに会わなかったとする。だが、家康が秀忠に会わなかったのは、怒り心頭に発したというより、秀忠軍が遅れた原因が自分の連絡ミスだと分かっていたからだろう。（江戸からの出発日を決められず、秀忠への連絡も遅れた）。

秀忠の遅参の原因が家康の連絡遅れと分かれば、東軍諸将からは「内府（家康）は合戦となる日を読み違えていたのか」と家康自身の清洲への到着遅れの失態が明らかになり、「関ヶ原で西軍と雌雄を決するつもりが本当にあったのか」とか「われらは家の存亡をかけて戦っているのに、内府は故意に徳川本隊を遅れさせて温存したのか」などと批判され、家康は東軍司令官としての資格を問われることになる。

逆に、遅れを秀忠のミスとすれば、秀忠かその近臣を処罰して見せなければならない。それで、家康は秀忠に会えなかったのだ。

関ヶ原遅参の責任は誰もとらなかった

秀忠軍には徳川の主要な重臣が加わっていた。秀忠が軍勢の指揮を誤らないように、家康が配慮したものだ。

参謀役は本多正信で、上田攻めは必要なしとしたが、家老格の大久保忠隣《ただちか》の主張が通って上田城を攻めたという。

この二人は家康の側近だから、当時二十二歳の秀忠が二人を御せなかったとしても仕方がない（正信、忠隣は同年で六十三歳）。

二人は家康の性格を熟知していたはずで、使い番のもつ書状を見て、「これでは、使い番が順調に着いたとしても、ぎりぎりの日数だ。やはり、われらが側近にいなければ、内府（家康）は出陣の日さえ決められないのか」と冷めた目で家康を見ていたと思われる。（正信は家康の策略のほとんどを立案したとされる謀臣だから、家康が決断に迷う様子まで分かっただろう）。

大久保は秀忠の家老格だから、上田城を落として秀忠に箔《はく》をつけたいとの気持ちもあったろうが、上田城に蓄えられた兵糧米が欲しいとか（秀忠軍は食糧不足に悩んでいたという）、過去に真田に飲まされた煮え湯への意趣返しなどの理由もあった。

結局、家康はさんざん怒ってみせたあと、秀忠の戦場遅参を不問に付すことにして事態を収めた。

家康の怒りようからすれば、重臣の誰かが（責任はなくても）形だけでも遅参の責任をとって見せねばならないが、このときの徳川家には、家康の立場を守るためにそうしようとする家臣はいなかった。

正信、忠隣も「上様からの連絡が遅かったのが原因だから、遅参をとがめられるいわれはない。上様とて出陣の日を読み違え、大慌てで東海道を進んだではないか。聞くところによると、赤坂の陣に移動するときも、軍勢の編成が間に合わなかったという。十万もの軍勢を指揮する大将のすることではない」（われらが側近に控えていなければ、こんなものなのか）との考えだ。

家康が没後に神格化されるとともに、家臣には徳川家に対して過度の忠節が求められるようになるが、関ヶ原当時は、家康が家臣（家康の若い時分から仕えている家臣、老臣）に重んじられていたとは思えない。（前述したが、三方ヶ原の戦いで独断専行して大敗して以来、重臣たちは家康の軍事指揮能力を評価していなかったと思われる。関ヶ原の戦いでも、大軍の指揮に見るべきものはなかった……）。

このときは他の家臣も「上田攻めは重臣の忠隣様の決めたことだから仕方がない。上様でさえ、あの二人（本多、大久保）の言うことには逆らえないではないか」とさめていただろう。

当時の徳川家臣団の考え方はこんなものだった。

だが、家臣団が遅参に平然としていられたのには、まだ理由があった。

家康の読み違い

通説は会津遠征について、家康は自分が会津に向かえば、三成は挙兵すると読んでおり、わざと大坂を留守にして三成が挙兵するように仕向けたとし、これは〝戦略家で肝の据わった〟家康にしかできないことだとする。家康に肩入れしすぎる。

家康は三成が居城、佐和山を拠点に反徳川の烽火《のろし》を上げるかもしれないと考えても、これだけ多くの大名が三成に呼応し、反徳川連合軍を作るとは考えていなかっただろう。

三成が動いたとしても政治的なもので、〝大老や奉行に働きかけて、自分を弾劾して政権中枢から排除しようとするにすぎない〟との読みだ。

これなら、上杉を討滅して（あるいは恭順させ）大坂に凱旋すれば、その功績をもとに三成やその同調者を排除できると考えた。

ところが、三成は毛利輝元を総帥に担ぎ出すと、西国勢を中心に総計五百五十万石もの大名を集めた。（他に上杉景勝が百二十万石）。

三成の蜂起と反家康連合の誕生は、家康に自分の人気の低さや采配への評価を思い知らせた。

結局、関ヶ原の戦いは、家康が戦いの前に画策した裏切り工作で勝ったもので、いざ合戦といった段階からは指揮能力を発揮した例もなく、参戦した各将からの評価も高まることはなかった。

このあと、豊臣家を滅ぼすまでに十五年がかかったのも、家康にカリスマ性や武将としての戦略、戦術がなかったためで、大坂の陣以後になると、徳川幕府の吏僚たちは政権の正統性を強調するために、家康を〝東照大権現〟として神格化し祭り上げるしかなかった。

創られた家康像は現代にまでつづいているが、普通に歴史をたどれば、家康が実戦での戦略、戦術面では凡庸の人だったことが分かる。

関ヶ原での戦死者数ははっきりしない。**従来説**は両軍合わせて四千余から三万余まで開きがあるが、いまは両軍合わせて六千人ほどとする説が多い。

伏見城攻防、美談を創って家康を飾る

家康と伏見城の守将鳥居元忠との別れは美談として伝わる。

通説によれば、六月十六日、家康は伏見城に入ると、上杉攻めの出陣を控えた十七日夜、元忠と別れを惜しんだ。元忠は十三歳のときから、当時十歳だった家康に近侍した譜代の臣だ。

家康が京から出れば、三成が挙兵して大軍で城を囲むから元忠と守兵の命はない。それを知りながら、家康、元忠主従は昔話に花を咲かせた。このとき、家康が「必要なだけの兵を残す」と言うと、元忠は「ご主君こそ、一人でも多くの軍勢が必要なはず。三成が挙兵すれば、われらは討ち死にする覚悟なれば加勢はご無用」と答えた。

夜が更けて退出する元忠の後ろ姿を見ながら、家康は涙を流したという。

翌六月十八日、家康は万感を胸に江戸へ向かった。

このあと三成らが蜂起し、七月十九日に、伏見城は四万の西軍に囲まれた。城方はよく戦ったが、城内から裏切りがあり、八月一日に落城、元忠は城兵とともに討ち死にした……という。

この元忠と家康の話は江戸中期に書かれた『常山紀談』（武将の逸話集）にある。家康を賛美する話のひとつだ。

家康が三成挙兵を予見していたとすると、鳥居元忠と城兵を見殺しにしたことになる。

美談の中身

だが、伏見城が西軍に奪取されても、それで戦局が左右されるものではないから、家康が元忠や城兵に徹底抗戦を命じた（討ち死にを求めた）というのは疑問が残る。

伏見城は西軍と戦ううえで必要な戦略拠点ではないし、家康が自ら築いた城でもないから、城を守って全滅しなければならない理由はなにもない。

西軍としても、徳川方の軍勢が大坂と目と鼻の先の伏見に留まっているのが放置できないだけで、城兵は退去すればよく、攻め殺す必要もなかった。大坂城内の徳川勢は無事に退去している。

（伏見城は秀吉が晩年を過ごした城で、一五九八年に秀吉が死ぬと、遺言で秀頼は大坂城に入り、秀頼守護役の前田利家も大坂城西の丸に移ったので、家康が政庁として使っていた。利家死後は家康が大坂に移り、〝諸大名も家康とともに大坂に移ったので、城は荒れ果て、周辺は荒野の如くになった〟という。守りきらなければならない城ではなかった)。

このためか、守将の一人の木下勝俊(秀吉の室おねの兄家定の嫡男。小早川秀秋は弟。おねの意向で関ヶ原では東軍に属したという)は退去している。(禁裏からの命令で退去したともいう。公家に顔がきくおねが手を回したのだろうが、籠城して死守するだけの戦略的価値があるわけでもないので、退城命令は簡単に下りたと思われる)。

家康が譜代の忠臣元忠らを見殺しにする必要はなにもないのだ。

〝城を枕に討ち死に〟しないケースが多い

戦国の世でも、大軍に城を囲まれて敗戦が明らかなのに、徹底抗戦をして全員討ち死にした例ばかりではない。

前述したが、家康も一五七二年に遠江の二俣城が武田勢に囲まれたときは、救援しようにも武田勢に阻まれて近づくこともできなかった。ここでは武田と交渉して、籠城の将兵を助命するとの条件で開城した。解放された兵は浜松城に入った。救援もできないのに、城兵に徹底抗戦(討ち死に)は命じられない。

一五七三年に高天神城(静岡県掛川市)が武田勝頼勢に囲まれたときは、織田信長に援軍を要請したが、織田勢の行軍は遅く、信長も勝頼勢との決戦を避けているようすだった。城将小笠原長忠（元今川家家臣）は降伏か討ち死にかの選択を迫られたが、降伏開城を選び、城兵は徳川と武田に行く先が分かれたが城をあとにした。

これらの事例では、大軍に囲まれたものの、抗戦したのちに城兵は退城している。

鳥居元忠がなぜそれをしなかったのだろう。

西軍による城の明け渡し勧告が行われたとき、元忠は「この城は、内府（家康）出陣の折に、堅固に守れと指示されている。内府直々の命令ならともかく、諸将からの指示で開城はできない。あえて明け渡せというなら軍勢を差し向け、力でお取りなされ」と返答したという。

この元忠の言葉は、彼の決死の覚悟を示したものと見られているが、〝内府から堅固に守れと指示されている〟ので〝内府直々の命令ならともかく〟というのは〝家康から命令があれば開城する〟との意味にとれる。

〝家康からの「開城せよ」との指示を待っていた〟とも考えられる言葉だ。

これも家康の読み違い

家康が西軍の挙兵を読んでいたのなら、元忠には「城が囲まれたら、少数の兵で守るのは無理。開城して退去せよ」と指示していたはずだ。（「その後は全軍を率いて尾張まで退き、福島正則の居城清洲城に入ってわしの出陣を待て」などの指示があっただろう）。

退城についての指示が事前になかったのは、家康が三成らによる蜂起を読めていなかったからだ。

鳥居が降伏をいさぎよしとしない性格なら、伏見城副将の内藤家重、松平家忠に「城が西軍に囲まれたら、鳥居にはわしからの命として城から退去せよと伝えよ」と指示しておくこともできたはずだ。

家康が徳川包囲網が作られ、伏見城攻撃もあると読んでいれば(その可能性があると見ていたら)、鳥居らに指示できたはずだ。

〝鳥居と別れの話をした〟というのは、家康を偉大な大将だったと祭り上げたい、後世の徳川家臣団が創作した話で、『常山紀談』がそれを採り上げたのだろう。

伏見城が攻撃されたとき、家康は江戸から会津に向かう途中で、二十三日に下総古河《しもうさこが》(茨城県古河市)で西軍蜂起の報せを受け、二十四日には下野小山《しもつけおやま》(栃木県小山市)で伏見城包囲も知ったはずだが、伏見へ「開城せよ」との使者は送っていない。

〝玉砕〟の賛美は近代戦の発想

家康は自らの読み違いで、鳥居をはじめ、譜代の臣で歴戦の勇士の内藤家重や一門の松平家忠らを見殺しにすることになった。

その読み違いを糊塗するために〝城兵が自ら徹底抗戦を選び、討ち死にした〟ことにしたのだろう。鳥居は四万石、内藤は二万石、松平も一万石のともに城持ちの重臣だ。

結果的には〝開城命令〟を送ってもギリギリのタイミングだったが、鳥居らを助けようとの気があれば、すぐにでも使者を送ったはずだ。

伏見城攻略については〝城方が頑強に抵抗したので、西軍は攻めあぐね、落城までに時間がかかった〟が**通説**になっているが、守備軍、攻城軍とも〝家康から開城の指示があれば城方は退城する。戦いはそれまでの形式的なもの〟と考えていたとすると、長引いた理由が分かる。

三成が、城が落ちないことに業を煮やして二十九日に参戦したというのも、「もともと家康は城兵を見捨てるつもり。いつまでたっても退城命令など来るわけもない」と家康の本意を読んで、督戦のために参陣したとも思われる。

〝鳥居の討ち死に〟を後世の徳川政権が、家康の見込み違いや不人情ぶりを隠そうと、〝家康は西軍の攻撃を読んでおり、元忠もそれを承知で徳川家に殉じた〟とし、主君に対する忠誠の美談と書き換えたものと思われる。（元忠は〝三河武士の鑑〟とされた。鳥居以外にも多くの兵が死んでいるのだが……）。

この話がいまも語られるのは、近代に入ってから、軍指導者が敗勢の部隊に〝降伏は許さない。陣地を死守せよ〟と全滅を求めるようになり、それを〝玉砕〟（守備兵は自らの意思で、徹底抗戦と死を選んだ）と賛美して自己の責任を回避したので、主君に殉じて死ぬことをいとわなかった武士がいたとすると、近代戦の指導者にとっても都合がよかったからと思われる。

もちろん、戦国時代に玉砕の語はない。

関ヶ原合戦の見方

関ヶ原は天下分け目の戦いとされるが、それは日本の行方を決めた戦いでもあった。戦いを制した家康は三年後の慶長八年（一六〇三）に「江戸幕府」を開き、その体制は大政奉還の一八六七年までつづくから、関ヶ原の戦いは日本のその後二百六十年余の体制を決めたといえる。

ところが、長くつづいた江戸時代に、歴史が〝家康賛美〟の視点で粉飾されたためか、関ヶ原合戦もいまだに事実とは違って伝えられる部分が多い。現在でも、江戸時代にねじまげられた事実がそのまま伝えられている。

前述した家康の江戸からの出陣が遅れたことについて、戦機を見定めていたとほめた例だけでなく、家康が深夜迂回、密行して東軍の赤坂の陣に着いたことも、「金扇の馬印、葵紋の幟《のぼり》旗《ばた》が（赤坂の陣に）高々と並び立てられる」と、（西軍は）「家康は上杉軍の圧力の前に、まだ関東にいると思っていた」ので、「家康の着陣を知った大垣城の西軍陣営には動揺が広がった」と評価している。

これでは西軍はなんの情報集めもしていなかったことになる。いくらなんでも〝家康はまだ関東にいる〟と思い、三万もの徳川軍が清洲城に入ったことに気づかなかったとは思えない。

なんでも家康をほめようと書いているうちに、**通説**が自己矛盾に陥った例だ。

いまに伝わる家康についての伝承は賛辞や美談が多いが、武将として能力を発揮した例は少なく、戦術・戦略も失敗が多くて、謀将としての裏技、知略が目立つだけだ。

その家康が江戸時代を拓いたのは、信長、秀吉によって戦国の世の地ならしがされたことと酒井忠次を筆頭に石川数正、榊原康政、井伊直政といった有能な武将や本多正信、正純といった内政面を仕切った側近がいたからだろう。

七　大坂の陣と真田幸村

――戦国の掉尾を飾った名将の戦い

慶長十九年十月十八日（一六一四年十一月十九日）、徳川家康と秀忠は茶臼山から、大坂城を包囲した軍勢を検分した。

包囲軍は二十万人ともいわれ、城の周りに陣を敷くには多すぎ、一万石につき間口三間（五メートル半）の間に詰め込まれたという。

大坂の陣の軍令によると、大名の一万石あたりの軍役負担は馬上十四騎、弓十張、鉄砲二十丁、槍五十本で九十四人だが、ほかに中間、小者、荷物運びの陣夫などが帯同するので、総勢は二百人以上になる。各軍勢が隣り合い、東軍陣はラッシュアワー状態になっただろう。

この日に、城外で小競り合いがはじまり、開戦となった（大坂冬の陣）。

城の南に造られた出城真田丸での攻防は十二月四日から。徳川による大砲での攻撃は十二月中旬からで、この砲撃が契機になったか、和平交渉が十八日に開始され、十九日には和議が成立した。

内容は本丸を残して、二の丸、三の丸、総構え（城域全体を囲む防壁）などは破壊して平らにするというのが主要な条件で、ほかは豊臣家が大坂城で存続できるなど、豊臣方に都合のいいものだったという。

だが、和平はすぐに崩れ（家康によって破られ）、翌慶長二十年四月二十五日、徳川方の先鋒が伏見から出陣して、たちまち再戦となった。

五月五日（一六一五年六月一日）、家康が星田（交野《かたの》市。大坂城へ一二キロほど）に着陣。大坂城の周辺で、六日、七日と戦闘が行われ、豊臣方は壊滅、巨城は炎上して落ち、戦いは終わった（大坂夏の陣）。

大坂の陣は追い詰められた豊臣方が善戦した。

寄せ集めで、優れた総大将がいたわけでもない豊臣方が、歴戦の家康が采配を振るう徳川方と対等に渡り合ったのだ。

大坂方に与《くみ》した牢人武将がそれぞれに能力を発揮し、戦略面の劣勢を戦術面でカバーしたからに違いない。

後藤又兵衛基次（元黒田長政家臣。関ヶ原の戦い後、長政は筑前五十余万石へ。又兵衛は大隈一万六千石を知行されたが、のちに浪人）、長宗我部盛親（元土佐二十二万石藩主。関ヶ原の戦いで牢人）、毛利勝永（中国の毛利ではなく、豊前小倉藩主毛利勝信の子。関ヶ原の前段の伏見城攻めなどで戦功を挙げ、本戦では敗勢の中、親類筋にあたる東軍黒田長政と出会い、保護されていたらしい。大坂夏の陣では絶妙の部隊指揮が両軍の評判になった）、明石全登《てるずみ》（宇喜多秀家の家老。関ヶ原では五千人以上の軍勢を指揮したが、戦後姿を消し、大坂の陣前に再登場。夏の陣で最後まで家康本陣を求めて戦った。その後は再び消息不明）、真田幸村（元信州上田藩主真田昌幸の次男）らの名前があがる。

幸村登場

大坂の陣で真田幸村（真田左衛門佐《さえもんのすけ》信繁）の評価は高い。

流刑の地、紀州九度山村を脱出して大坂城に入るや、冬の陣、夏の陣と武功を挙げたこと。夏の陣の最後の戦いで、自ら槍を振るって家康の本陣に迫り、敵将家康を追い詰めたこと。実戦の強さだけでなく、戦略的な視点をもっていたことなどが評価の理由で、武将として求められる能力のすべてを備えていたように見える。

不思議なのは、幸村は家康、秀忠親子に刃向かった〝天下の大罪人〟なのに、その活躍ぶりは江戸時代から物語となって流布したことだ。

幸村の突撃で、家康の旗本が主人を置いて逃げ出したなど徳川家の恥になる話も含めて、面白おかしく語られたのは、三千人ほどの軍勢で数万もの大軍に斬り込む幸村の勇猛さや裏切りの誘いを蹴って豊臣家に殉じたことが〝武士の鑑〟と見られたからと思われる。

徳川の世で幕府が臣下や大名に求めたのはもっぱらこの忠節だったから、幸村の物語は幕府にとっても都合がよかったのだ。

その一方で、幕府のやり方に不満を抱いた旗本や大名は、徳川譜代衆を蹴散らして家康に迫った幸村の戦いぶりを殊更《ことさら》に〝ほめたたえて〟評価したのだろう。

幕府からも反徳川の人々からも評価された。

本章では、大坂の陣の背景を追いながら、幸村が限られた条件の中で、家康を追い詰めた道筋を検証し、通説には現われない〝歴史に挑んだ戦術と戦略〟を探っていく。

幸村の名は後世の創作で、彼の書状の署名も〝信繁〟とあり、同時代資料にも幸村の名はないというが、本項では通称の幸村を使って記述する。

大坂城入城

慶長十九年十月九日、真田幸村は大坂城に入った（入城日は諸説あり）。

慶長五年（一六〇〇）の関ヶ原の戦い以後、紀州九度山村に配流となっていた幸村にとって満を持しての入城だ。

幸村は、かつてこの城で暮らしたことがある。

天正十四年（一五八六）、二十歳のときに、実父昌幸とともに秀吉に拝謁し、幸村は真田家の豊臣への臣従の証として大坂にとどまることになった。

人質としての大坂暮らしだが、幽閉されたわけではない。文禄元年（一五九二）の朝鮮の役では、秀吉の馬廻りとして九州名護屋に在陣、文禄三年には、従五位下左衛門佐《さえもんのすけ》に叙任され（氏が豊臣、姓《かばね》は朝臣《あそん》となる）、秀吉の直臣大谷吉継の娘をめとった。大坂城では、秀吉が没した慶長三年（一五九八）まで十年余りを過ごした。

いまは、その城を徳川から守るために来たのだ。

父真田昌幸とともに、九度山村に閉じ込められたのも、徳川が親子の武略を恐れたからに違いなく、彼らはかつての領地、信州上田の地を訪れることはもとより、流刑の村を出ることさえ禁じられた。

その幸村にかすかな光が見えたのは、大坂と徳川の手切れが必至となったからだ。幸村はすでに大坂方から誘いを受けて九度山から脱出する準備をしていたが、使者が訪れ（十月三日頃のことと思われる）即刻入城するように求めた。

使者は〝合戦に勝利したあかつきには、五十万石の領地を与える〟との秀頼の言葉を伝え、大坂城守備の総司令官ともいうべき大野治長の約定書を示すとともに、準備金として黄金二百枚と銀三十貫（二千六百両ほどか）が支給されるとした。

幸村は入城を承諾したが、合戦の勝利を確信していたとも五十万石を信じていたとも思えない。彼の心にあったのは虜囚の身を離れ、自らの武将としての能力を発揮する場を得たいという気持ちとかつて信州上田城で、真田党が二回にわたって徳川の大軍を翻弄した過去への自負だった。

追い詰められた大坂城

関ヶ原後の豊臣家をとりまく情勢はどうだったのか。

慶長八年（一六〇三）までは、在京諸大名の年始の挨拶は、家康より先に大坂城の秀頼に対して行われていた。

この年の二月八日には、家康も大坂城に出向いて秀頼に年頭の挨拶をしている。

家康が豊臣系の大名に配慮したと思われる。

ところが、四日後の十二日、家康は禁裏から右大臣（それまでは内大臣）に任じられるとともに、征夷大将軍に補任された。もちろん禁裏が家康の意に従ったものだ。

征夷大将軍への就任は、家康が〝武家〟として天下を治めるとの意思表示で、〝公家〟である関白が天下を治めていた豊臣体制に代わるとの宣言だ。豊臣に配慮しながらも、天下支配への道を歩みはじめたのだ。

このとき、家康は豊臣家が征夷大将軍の命令に従わないなどの理由をでっち上げ、一挙に大坂城攻め（豊臣家潰《つぶ》し）を実行することもできた。

そうしなかったことについて**通説**は、家康は豊臣家が恭順の姿勢をみせれば、その存続を認めるつもりだったとし、豊臣家がそうしなかったので、しびれを切らして慶長十九年に実力行使をしたとする。また、豊臣家を潰すには豊臣系の武将が邪魔だったので、彼らの存命中は実行をはばかったともいう。

たしかに、十九年までに、浅野長政（秀吉の妻おねの養父浅野長勝の娘ややの婿養子。秀吉とは相婿）、堀尾吉晴（信長死後、秀吉から若狭国高浜一万七千石を与えられ大名になり、その後、浜松十二万石を領した）、加藤清正（秀吉子飼いの武将。関ヶ原後、肥後南半分五十二万石を領した。二条城での家康、秀頼対面を警護したあと、領地に戻って死去した）、池田輝政（かつては豊臣の一族待遇だった）、浅野幸長（長政の長子）、前田利長（秀吉の盟友利家の長男）らは亡くなり、家康はそれを待っていたかのように大坂の陣を起こしている。

だが、浅野長政は前田利長とともに家康から暗殺の嫌疑を受けたあと謹慎し、関ヶ原では秀忠軍に属し、その後は江戸に移って家康に近侍していたし、堀尾吉晴は秀吉死後、家康に接近し、家督を次男の忠氏に譲ったあとも、家康から越前府中五万石を隠居料として与えられ、関ヶ原では家康に北国、近江などの情報を伝えていたという。

加藤清正も家康の養女が継室で、関ヶ原では東軍に与して九州の西軍諸将の城を攻めたし、池田輝政は秀吉の仲立ちで家康の娘督姫を室にしており、関ヶ原では東軍先鋒となって岐阜城を攻め、戦後は姫路五十二万石に封じられていたから、もともと豊臣系の大名の中では親家康派だった……というように、彼らはすでに親徳川の姿勢を明らかにしていた。

家康が彼らをはばかって豊臣攻めを延期していたとは思えない。

それに、家康自身が大坂の陣開戦の慶長十九年には七十三歳だから、自分より若い武将たちの死を待っていたという考えは頷《うなず》けない。

戦費がなかった徳川家

実際の理由は、大坂攻めをするにも、そのための戦費がなかったからと思われる。

関ヶ原後に徳川家の直轄地は二百五十万石から四百万石（他に旗本など直臣の知行地が三百万石）に増えたが、関ヶ原で勝つまでに、六万以上の軍勢を会津征伐から関ヶ原へと移動させるなど、多額の金を使ったので徳川家の金庫は空となり、新たに戦費を蓄積するのに時間がかかったと思われる。

大坂の陣を控えて、徳川の家臣が戦費の調達に四苦八苦したとの話が残る。

幕府は所領四百万石の中から、二万人以上の幕臣に俸禄を支給していたが、家臣の多くは百石以下の小身で、大坂までの遠征費用、大坂での滞在中にかかる費用などの捻出に頭を痛めていた。

側近筆頭の本多正純は家臣の困窮を見て、阿茶《あちゃ》の局《つぼね》に、軍用銭を下賜してくれるように家康に口添えしてほしいと頼んだという。『村越道伴覚書』（大坂の陣の聞き書き。村越はのちに江戸町奉行）にある。

阿茶の局はこのとき六十歳ほど、家康のお気に入りの秘書室長といった役割で、徳川家の内政面にも関与していた。冬の陣後には、豊臣方との講和交渉役も担当した。

局は言い方を工夫して「名古屋でご婚礼（家康の九男で尾張徳川家の祖の義直と浅野幸長の娘春姫）というお祝いがありますので、ご家臣たちにもご慶事のお裾分けをされてはいかがかと思われます」と具申したが、真意の分かる家康は怒り出し、「いまさら、家来たちに祝儀を出すと、徳川の家臣は金で動くのかと噂になる。金銀が貰えなければ出陣できないというなら、自分ひとりでも出陣する。大坂を滅ぼすのに譜代はいらない」と息巻いて出費を拒否したという。

家康のケチは定評があるが、信頼している局にここまで言われても、譜代の臣に金を出さないのは、戦費に不安があったからだ。

金に困ったのは諸大名も同じで、家康に戦費を借りる大名もいた。

与力諸将の無心には家康も知らぬ顔はできず、一万石あたり百両と三百人扶持（一人一日玄米五合×三百人分）の米を支給した。戦闘が始まると毎日千五百石の米が必要になったという。米俵《こめだわら》で三千七百俵余りにもなるから、諸将の陣営はその運搬の人数も必要だった。

豊臣家も同じで、大坂冬の陣後の慶長二十年三月に、秀頼の使者青木一重と淀の使者常高院、大蔵卿の局らが駿府を訪れ、冬の陣によって生じた豊臣家の財政逼迫に対しての金銭的援助を家康に要請している。

和議の中で、「従前通り豊臣家が立ち行くように配慮する」といったやりとりがあったからだろうが、それにしてもわざわざ駿河まで出かけて、敵将の家康に金子《きんす》を求めるなどは理解できない行動だ。

幸村の戸惑い

幸村が飛び込んだ大坂城は、戦国最大の敵を迎えるというのに、総指揮官も指揮命令系統も明確でない修羅の城だった。

総大将が二十二歳になっていた秀頼であることは間違いないが、〝お袋様〟の淀は一人息子が武家として戦の矢面に立つことを嫌って軍事から隔離しようとしていた。

総大将として采配を振るえば、敗れたときは責任をとって腹を切らねばならないからで、かつて実父（浅井長政）、養父と実母（柴田勝家と市）が戦に敗れて自刃したのを見てきたからだろう。

淀が乳兄弟の大野治長（淀の乳母大蔵卿の子）を重用したのも、治長ならいざというとき（敗戦のとき）秀頼の責任をかぶって身代わりになって死んでくれると考えたからだ。

大坂の陣は戦いの一方に、全軍に号令する総司令官がいない戦いだった。

それでも豊臣家が立ち上がったのは、大坂城があったからで、ほぼ二キロ四方の城地は総構えと呼ばれる堅固な城壁と幅が五〇メートル以上もある堀で囲まれていたから、徳川勢が何十万押し寄せようとも跳ね返せると考えたのだ。

軍議

十月中旬、秀頼の見守る中で、大坂譜代の重臣と召集された牢人武将を集めて軍議が行われた。

この席で、後藤又兵衛が大坂城から出て戦う出撃策を提言したという。

このとき、徳川のスパイとして入り込んでいた小幡景憲が「古来より、宇治・瀬田に迎撃線を張って、上洛する軍勢の撃退に成功した例はない」との反対意見を述べたので、出撃策は退けられたとの話が伝わる。

だが、軍歴もなく直臣でもない下級武士の小幡が軍議に出られるはずもないし、小幡が冬の陣当時に大坂城にいたとの証拠もない。

小幡はその後、徳川家に召し抱えられるから、〝大坂城にいたときも、このように徳川方の有利になるように工作していました〟という戦功作りのために、自ら吹聴したのだろう。

小幡は徳川家では、『甲陽軍鑑』をテキストに甲州流軍学を興《おこ》して兵法指南をしたので、大坂の陣で、勇将又兵衛を論駁《ろんばく》したとすれば箔《はく》が付く。

出撃策には幸村も賛成したというが、城中は籠城と決まった。といって、幸村は重臣たちの考えに従うつもりはない。独自の戦略を考えた。

真田丸の築造

大坂城は総構え南方の地形が大きく開けている。攻城方は大軍の布陣が可能だが、城方にとっては、地相が川筋へ下がる形状のため、堀に水を貯めることができず、防備の弱点になっていた。

幸村はこの大坂城の南面の総構えの外に出城を築き、自らはそこに籠もって戦うとの戦法を考え、秀頼の裁可を求めた。

出城を築けば、総構えの防御力を増すことになり、城壁に押し寄せた敵に横矢を掛けることができるから戦術上も有効だ。

だが、寄せ手もそれは分かるから、集中攻撃を受けることになるが、幸村はそれも承知だ。真田隊五千が城中の誰からも指図されることなく自らの采配で動くなら、大軍を翻弄する自信があったからだ。

出城の考えは、長宗我部盛親や後藤又兵衛ももっていたという。彼らが幸村に出城の築造を任せたのは、城中での幸村の微妙な立場に配慮したからだろう。

城内諸将の幸村を見る目が厳しかったのは、実戦の経験が少ないのに一軍を任されたからだけではない。兄信之（上田城主）と叔父信尹《のぶただ》（幕臣）が徳川方に属していたことに加え、父昌幸がその昔、主家を次々と変えて〝表裏、比興《ひきょう》の者〟と言われ、利で動く武将と思われていたからで、その子の幸村も寝返る可能性があると見られたからだ。

〝表裏、比興〟は、石田三成が上杉景勝にあてた書状の中に、昌幸を評した言葉としてある。比興は卑怯の意味で、昌幸が主家を武田勝頼、織田信長、北条氏直、上杉景勝、豊臣秀吉と変えたことを皮肉ったものだ。

城中では、幸村には家康から「十万石で召し抱える」との誘いがあったとの噂も飛び交い、織田長益（淀の叔父）などが先頭に立って、幸村には出城は任せられないと主張した。

大野治長も心配して「出城に籠もった真田に裏切られれば総構えも危なくなる」と後藤又兵衛に相談したが、又兵衛から「ご懸念無用」とたしなめられたという。

幸村の出城は大坂城南面、平野口の西に築かれた。東西一八〇メートルにもなる半円形で、堀は深くし、その掘り出した土を積み上げ、その上に石を積んで塀を作り、無数の鉄砲狭間を設けた。

また、出城の城壁の後方に木戸（門）を設けて、出城内の人数がすばやく出撃できるようにした。出城から軍勢を進退させ、寄せ手の徳川勢を直接攻撃しようとの考えだ。

これこそ、上田城に拠りながら、城下の各地に出没して徳川軍を翻弄した真田の戦法に違いなかった。

幸村には木戸からひそかに精兵を率いて出撃し、〝家康の首を取る〟考えもあったと思われる。

出城は「真田丸」と呼ばれた。

口火を切った幸村

家康と秀忠が茶臼山で与力軍の検分をした十月十八日以降、城の周囲で両軍部隊間の戦闘はあったが、徳川勢が総がかりする城攻めはなかった。

大坂城の攻め口（弱点）が見つからず、家康が力攻めによる味方の損害を怖れたためといわれる。

城内では、徳川方は囲みをといて陣を退《ひ》くと言う者もいる始末で、家康が城内の織田長益を通じて活発な講和工作を展開したことも、楽観論に拍車をかけた。

しかし、幸村ら諸将の見方は違う。十五万もの大軍を動員した家康がこのまま囲みを解くわけはない。さまざまな謀略を仕かけて豊臣方を追い込み、殲滅《せんめつ》（皆殺し）しようとするだろう。講和交渉もそのための方便に違いないのだが、譜代の重臣たちは家康の心底を見ぬけないでいる。

幸村はひそかに徳川方を戦闘に巻き込むための準備をした。攻城陣に打撃を与えなければ、和平交渉をするにしても有利な条件での講和は望めないからだ。

出城の前面には、篠山という小山をはさんで前田利常勢一万人余りが布陣していた。出城からの距離は一キロもない。

前田勢の後方二キロの平野村には、徳川秀忠の率いる二万がいまにも城壁に押し寄せる気構えで陣を敷いていた。城攻めに慎重だった家康に対して、秀忠は戦意旺盛だ。（このとき、秀忠は三十六歳）。

ならば、まず前田勢が出城を攻めてくるように挑発しよう。前田勢に打撃を与えれば、秀忠勢は後詰として前田勢との間を詰めてくる。そのとき、出城から鉄砲隊を出撃させて秀忠本陣を銃撃しよう。

徳川本陣勢に死者が出れば、徳川の面目は丸つぶれとなる。家康は失敗をぬぐうために総がかりで、力攻めをせざるを得ないだろう。

総構えに拠っての戦いなら、城方が勝つだろう。（城方は軽微な損害で、徳川方には大きな損害を与えられるだろう)。攻城側に数千の損害が出れば、城攻めは誤った作戦だったことになり、家康は主将としての信頼を失う。

講和交渉に臨むにしても、有利な条件が生まれるのだ。

幸村の秘策

幸村がこの作戦を城内の軍議にかけた形跡はない。自らの戦略を完遂するため、作戦の意図を秘匿し、実行したのだ。

(出城には真田勢とともに長宗我部盛親勢も入り、出城の西半分を担当した。盛親も幸村の意図は分かっていただろう)。

幸村は篠山に銃兵を送り、藪の中から前田勢を狙撃させた。前田の先陣はあわてて弾除けの竹束で陣を守ったが、陣を後退させることはできない。後方に控える秀忠の手前があるからで、後退すれば退却したと見られる。

幸村の銃兵は藪に隠れて夜も狙撃し、前田勢に死者が出るようになった。

十二月四日早暁、業を煮やした前田の先手《さきて》勢は利常の許可を取ると、真田の鉄砲兵を駆逐しようと、二千余りを篠山に送りこんだが、すでに攻撃を感知した真田の銃兵は出城に引き揚げて姿がなかった。

すると、前田勢をあざ笑うように、出城から喚声が起こった。

前田の先手はこれに挑発された。出城までの距離を詰めると、銃隊を前に出して一斉に射撃をはじめたが、出城から応射はなかった。

前田勢に許された攻撃はここまでだ。秀忠本陣の許しを受けずに、勝手に出城に攻めかかれば軍令違反となる。

前田先手勢が出城に近づいてまで射撃したのは、この日、秀忠が平野《ひらの》から陣を進め、前田陣のすぐ後ろにある岡山に本陣を置いたからだ。大坂城に攻撃を仕かけ、秀忠にやる気を見せたもので、威嚇射撃といったものだ。

ところが、銃声が八丁目口、谷町口まで響き渡ると、これに越前勢（松平忠直）、井伊直孝勢などが反応した。「前田勢に先を越された」（前田勢が抜け駆けした）と前進を開始し、城方と銃撃戦になった。

この銃声が前田勢に聞こえた。これを前田勢は全軍に攻撃命令が下って、各隊が総構えに向かい、攻撃を開始したと判断した。

前田先手勢は陣を進め、出丸の空堀に入った。土塁を登り、石壁を越えて出丸に乱入するつもりだ。

すると、城壁の鉄砲狭間（銃眼）に数百の鉄身が現われ、「放て！」の声とともに銃口が火を噴いた。頭上からの狙い撃ちだ。前田勢は幸村の仕かけた罠にはまったのだ。

狭間は三段に設けられており、銃撃は途切れなかった。前田の先鋒は土塁に取りついたままで、進むことも退くこともできず、次々に撃たれた。

　前田先手勢はもともと出丸を攻撃するつもりはなく、弾除けの楯をもっている者は少ない。それで攻撃したのだから暴挙だ。

　この時、城内から爆発音とともに火柱が上がった。石川康勝（元家康重臣石川数正の次男）の配下が誤って火薬樽の中に火種を落としたという。

　徳川方はこの爆発音を、かねて内応を申し出ていた南条忠成（元伯耆羽衣石《うえし》城主）の合図と誤認して、井伊、越前、藤堂高虎などの諸隊が一斉に総構えに攻めかかった。

　南条とは総構えの塀の柱を切っておくとの約束だったが、南条はすでに事が露見し、処刑され、塀も修復されていた。攻城側はそれを知らなかった。

　塀を破れると思い込み、土塁を登りはじめた徳川方の兵は総構えに取り付いたまま、頭上から撃たれることになった。

　急に起きた戦闘と味方の敗色に家康は色をなし、すぐに引き揚げ命令を出したが、前田や井伊、越前勢の先手は空堀の中で身動きできなくなっており、救援の兵を送ることもできなかった。

　このときの戦いで、徳川方は数百人の犠牲を出したという。冬の陣の攻城側の死傷者はこの日の戦いに集約される。

計算違い

戦いに計算違いはつきものだ。

この冬は例年以上に寒さが厳しかったという。包囲軍は寒さに震えた。

城内でも寒さは同じだが、総構えの中には武家屋敷だけでなく、町人が住んでいた町屋もあった。これに対して、攻め方は雨露だけでなく寒さまで防ぐ十五万人分もの陣小屋を作るのは不可能で、大多数の兵は厳冬の中、風雨と寒さにさらされて厭戦気分が満ち、このまま陣を張るのは困難となった。

大坂方にも計算違いはあった。

家康が攻城のために用意した大砲が効果を現わしたことだ。

それまでの家康の戦術は、城中に矢文を放って投降を呼びかけたり、夜中に鉄砲を連射して城兵の睡眠を邪魔しようとするもので効果はなかった。

大砲も総構え南方の藤堂高虎、井伊直孝陣に据えられており、ここから城壁や矢倉を狙って撃ち出されたが、石積みの塀や矢倉を壊す力はなかった。

ところが、大砲が淀川の中州、備前島に設置されると様相が違ってきた。備前島は本丸まで七〇〇メートルほどしかない。

輸入砲の中には砲身が五メートル近くあり、重さ一四キロもの弾を六キロも飛ばす巨砲があったというし、家康が芝辻理右衛門に作らせた国産砲も砲身三メートルほどで、重さ四キロの弾を飛ばす力があった。

家康は備前島から本丸奥御殿を狙わせた。戦術上の目標は淀で、陣前に城を退去した片桐且元（豊臣家家老格）が「奥御殿を狙えば、淀は恐怖のあまり、必ず和平を言い出す」と伝授し、自ら砲撃の目標地点を指示し、幕府の砲術指南稲富正直が飛距離を計算して撃った。

巨砲が効果を上げる

砲弾のひとつが本丸の矢倉を破壊し、侍女七、八人が崩れた木材の下敷きになって死んだという。輸入した巨砲の弾だったと思われる。

この砲撃によって、城内で徹底抗戦を主張していた淀が肝を冷やし、急に講和に傾いたというから、且元の指摘は正しかった。備前島に巨砲を据えた戦術の勝利だ。

大坂方にもフランキという輸入砲があったが、狙いが定まらず、時々暴発するという代物で、徳川方の輸入砲も同じだと思ったのか、大砲に対する備えはなかった。

だが、大砲は関ヶ原の戦いの前哨戦となった伏見城攻めや大津城攻めで効果を上げていたから、豊臣方は徳川に対抗するための大砲の用意や大砲陣地に対する攻撃法などの研究をしておかなければならなかった。

それをしなかったのは、城方に戦略的思考のできる武将がいなかったからだ。

伏見城攻め（慶長五年七月）では、西軍は重さ一キロほどの砲弾を熱して城に射ち込み（焼き弾）、火災を起こしてから攻め込んだという。大津城攻め（同年九月）では、城を見下ろす長等《なが》山《さん》に大砲を運び上げ、重さ二百グラムほどの砲弾（重さ四キロとも）を使って、一キロ先の天守の一部を崩し、侍女二人が死んだという。

家康はこれらの戦いを教訓としたのだろう。攻城用に国産砲の製造を命じるとともに、重量弾を飛ばせる大砲を輸入して準備していた。

輸入砲は重く運搬が難しいが、本丸を狙うとすれば、備前島は最適の設置場所だ。城方は目と鼻の先に大砲が設置されるのを見逃したことになる。

備前島からの砲撃は輸入砲、芝辻砲の三百門ほどで十二月十六日から十九日まで継続され、砲声は京都にも届いたという。

十二月十八・十九日に和平会談が行われ、停戦と決まった。

大野治長の限界

家康は和平のあと、誓紙まで出した条件を守らず、約定になかった二の丸、三の丸の堀の埋め立てを強行した。（二の丸、三の丸の埋め立ては大坂方で行うという内々の約束があったという）。

この埋め立てと壊平（城壁、石垣などを壊して平らにする）によって、大坂城は防御施設のほとんどを失い、家康は躊躇なく再戦に踏み切ることができた。

埋め立ては徳川のごり押しと言われるが、大坂方も戦いに負けたわけではなく、戦力は温存されたのだから、目前で行われる堀の埋め立ては実力で阻止できたはずだ。

通説はなぜ徳川の思うままに埋め立てが行われたか言及していない。

城方が阻止しなかったのは、〝堀の埋め立てを阻止すれば、再戦の意思ありと思われてしまうから、城が丸裸になるのを故意に見過ごすことで、徳川に対して恭順の意を表わそうとしたため〟と思われる。

〝もともと、大御所に反抗する気などないのです。大坂城を本丸だけとしたことと引き換えに、どうかこれまで通り豊臣家の存立をお認め下さい〟との意思表示だ。

いかにも甘い考えだが、大野治長など豊臣家重臣が戦いを継続する意欲を失っていたことが分かる。

鎧姿で城内を巡視する気概を見せながら砲弾ひとつで戦意を失ってしまった淀、淀の叔父として戦争方針にくちばしを入れながら、冬の陣後にさっさと退城した織田長益、牢人諸将に頼らざるを得ない戦闘力、十万も集まった兵たちへの戦後の恩賞の問題、少なくなる軍資金と兵糧、弾薬など、再度の戦を阻害する要因が山積されていた。

事態は大野治長が対処できる限界を超えていたのだ。

大坂の実情は城内の内通者によって徳川方に通報され、家康は行動を起こした。再度、大坂に軍勢を集めて、豊臣家を討滅すると決めた。

もともと、豊臣家を滅ぼすために起こした戦いだから、講和など方便にすぎない。

家康は慶長二十年（一六一五）四月四日に駿府を出ると、京二条城で与力大名の到着を待ち、五月五日には戦列を整えて進発した。

この時、参戦する諸将には〝此度《こたび》の戦は三日でけりがつく〟と宣言した。

通説は冬の陣が長引き、大名の疲弊が激しかったから、あえて三日で終えると広言したとするが、〝三日〟の意味は違う。

当時の戦陣では〝三日で終わる短期の戦なら、兵糧は与力武将それぞれが自弁する〟が決まりで、家康は兵糧の心配をしなくてすむ三日にこだわったのだ。徳川も決して潤沢な戦費をもっていたわけではなかった。

城内の戦意

治長が、家康の戦争目的を〝豊臣家の根絶やし〟だと理解していなかったのは、城内に秀頼の正室で徳川秀忠の娘の千姫がいたからだ。

最後に千姫を〝切り札〟として使えば、淀、秀頼親子はそのままで、豊臣家も存続できると考えていたのだろう。

だが、大坂城内に留まる各将に甘い夢はない。

死を覚悟して、大軍を迎えての戦に活を求めるつもりだ。譜代では木村重成、大野治房（治長の弟）などがその先鋒で、一万余の軍勢を従えていた。

与力武将の戦意も盛んだった。

キリシタン兵を率いる明石全登《てるずみ》、戦巧者の毛利勝永、大軍の差配に優れる長宗我部盛親、そして猛勇で鳴る後藤又兵衛、智謀の真田幸村らが戦意旺盛な四万を超える軍勢を率いていた。この四万は戦国最強といっても過言ではない。

彼らは大坂城を吹き抜けて消える戦国の遺風にすぎないのか、それとも戦場に奇跡を呼ぶ嵐になるのだろうか。

大坂夏の陣——道明寺の戦い

五月五日、家康は河内星田、秀忠は砂に布陣した。ともに大坂城まで一二キロほどの地点だ。傘下の軍勢は総数十五万、河内から大坂へ向かう藤堂高虎、井伊直孝、榊原康勝らと、大和路をとり道明寺（大坂府藤井寺市）を経て大坂へ向かう水野勝成、松平忠明、伊達政宗らの二手に分かれて進軍した。

この日、大坂城内では諸将を集めての軍議が開かれ、城方は河内路と大和路に分かれて、徳川軍を迎え撃つことになった。

後藤又兵衛、毛利勝永、真田幸村勢など二万余は道明寺に向かうことになり、夜半に進発した。

策はかねてから又兵衛が主張していた迎撃案で、大坂方が道明寺に入る前に、国分（柏原市《かしわら》）の先の隘路で待ち受けて各個撃破するというものだ。

だが、幸村や勝永には作戦の危うさが分かっていただろう。

国分で徳川軍の進撃を食い止めたとしても、一時的な効果しかない。それより、軍勢の消耗を避けて大坂城南方の平地に結集し一気の決戦を挑んだほうが、混乱の中で勝機をつかむ（家康を討つ）可能性があると見た。

確率は少ないにしても、勝利を得るためにはこの方法しかない。幸村や勝永に比べれば、又兵衛の戦略的視点はないに等しい。

又兵衛、戦死

家康は大坂城内に置いた内通者からの連絡で、大坂方の出撃策を知ったという。すぐに大和路の各軍に進発を指示し、五日の夜には軍勢の一部は大和路の隘路を越えて、国分周辺で陣を敷いた。

又兵衛はそれにも気づかなかった。六日未明、深い霧の中を道明寺に到着し物見を出すと、すでに国分まで徳川先陣が達していることが分かった。徳川方の物見も間近に見え、自軍が発見されたとも分かったので、退くこともできない。

退けば大軍に追撃され、反撃もできずに討たれるだけだ。

この時でも、毛利勝永、真田幸村隊の姿は見えなかった。深い霧に閉ざされて進めなかったという。

又兵衛は仕方なく、奈良街道を見下ろす小松山（柏原市。近鉄道明寺駅と河内国分駅に挟まれた小山）の徳川勢を追い出して陣を敷いた。

すぐに、徳川方の攻撃がはじまった。又兵衛は地の利を生かして、攻撃してくる徳川軍先鋒の水野勝成勢を粉砕し、二番備えの本多忠政勢を追い返したが、一万余の伊達政宗勢が攻撃に加わると防ぎきれなくなり、伊達勢に斬り込んで死んだ。鉄砲で射ぬかれたという。

戦いは、夜明けとともに始まり、正午までつづいた。

又兵衛は二千八百人の軍勢を率いて、攻撃意欲十分の二万を超える徳川勢を相手に、六時間あまりも戦ったのだ。

幸村の対騎馬隊戦術

幸村が又兵衛の策に異を唱えなかったのは、彼が死に場所を求めていると分かったからだろう。

だが、幸村の思いは徳川の先鋒相手に死ぬことではなく、大坂城に敵を引き付けて乱戦とし、その中に一筋の光明、突破口を見つけて、徳川本隊に最後の決戦を挑むことだ。

すでに天下の堅城はなく、しかも相手は十五万という大軍だ。ならば、目指すはひとつ、敵将家康の首を取ることしかない。

この日は夜明け前から、大坂城南方は深い霧におおわれた。**通説**は毛利勝永、真田幸村両勢はこの霧のために戦場に遅参したと説明している。

霧が出たとしても、後藤勢が進んだ道のあとを追うのに八時間余も遅れるのは理由としては根拠薄弱だ。

後藤勢が平野《ひらの》から出撃したのに対して、真田勢は平野の西四キロほどの天王寺から進発したことも、遅れた理由とされるが、天王寺、平野間は一本道だから〝霧で迷った〟としても何時間も迷いつづけるとは思えない。

幸村らに徳川の先鋒と戦う意思はなかった。二人は後藤の奮戦を見届けたあとは、決戦地大坂城南の天王寺口に戻って布陣するつもりだ。

幸村はすでに、冬の陣で家康が本陣とした〝茶臼山〟に陣を据えると決めていた。家康に対する〝挑発〟の意味だと思われる。

道明寺に達した幸村と勝永は物見を放ち、徳川勢がすでに国分に達していると分かったので進軍を止めた。後藤勢は全滅したのだろう。

この両勢を徳川方の先鋒は見逃さなかった。昼過ぎのことだ。

しかし、真田、毛利両勢は大坂方でも一、二の戦《いくさ》巧者が率いる部隊だ。徳川方は緒戦の勝利で意気上がり、われ先にと攻めかかったが、密集隊形を崩さずに進退する真田、毛利の長柄（槍）衆の穂先に掛かった。

伊達政宗勢が真田隊を見つけた。

政宗は主戦力の騎馬隊を繰り出した。伊達の騎馬武者は数百騎がまとまり、馬上から鉄砲を撃ったという。（騎馬武者の〝馬上筒《づつ》〟は全長四〇センチほど。銃身長も種子島銃の半分ほどで命中精度は低かったと思われる）。

騎馬隊の突進と銃撃で真田の先手長柄衆をひるませ、そこに伊達の長柄衆を突入させる戦法だろう。人数は伊達隊が圧倒的に多い。

幸村は戦場に伊達の騎馬武者を認めると、長柄衆に地に伏せるよう命じた。騎馬隊が近づくまで伏せて待ち、「かかれ！」の合図で、立ち上がり、槍ぶすまを作るのだ。

長柄衆は幸村の命に従って地に伏し、伊達勢が近づいても逃げ出すものはなかった。伏せさせたのは馬上衆の銃弾を避けるためと騎馬隊に対する恐怖心から逃げ出すことを防ぐためだ。

真田の長柄衆は槍奉行の「かかれ！」の声で立ち上がると、騎馬武者に穂先を揃えた。騎馬が突進を止められると、すかさず真田の鉄砲衆が騎馬武者を狙撃した。

伊達の騎馬武者は傷ついて、たまらずに後退した。陣形を立て直して再度攻撃するためだが、真田の長柄衆は同じように地に伏して待った。

政宗は「これでは損害を受けるだけ」と気づいた。騎馬鉄砲隊は伊達の虎の子ともいえるもので、損害を出せば、伊達の威風に傷がつく。政宗は使い番を走らせ、騎馬隊に攻撃を中止させた。

〝関東勢百万と候《そうら》え、男は一人もなく候〟の真実

伊達勢は新たな陣形を作るのに手間取った。

これを見た後続の徳川勢が伊達勢に代わって前進しようとすると、伊達の侍大将が「先鋒（水野勢）が崩れた以上、ここは二番備えの伊達の持ち場でござる。お手出し無用」と他家の進出を許さなかった。

政宗の指示によるもので、徳川勢は真田勢に手出しをできぬまま、にらみ合いがつづいた。

二時過ぎになって、城中から使い番が到着し、幸村、毛利隊などに退去命令が伝えられた。八尾・若江方面で木村重成隊が壊滅するなど大敗したことにより、残りの全軍を大坂城に集結させるためだ。

道明寺の大坂方は幸村が殿《しんがり》となって引き揚げた。

退却する部隊を攻撃するのは合戦の常道だが、伊達勢はやって追撃しようとする徳川諸勢の鼻先を抑え、自軍もあえて真田勢に攻撃を仕かけなかった。

幸村が「関東勢百万と候《そうら》え、男は一人もなく候《そうろう》」と呼ばわったというのは、このときのこと

だ。

この言葉について**通説**は、幸村が攻撃してこない伊達勢や徳川勢に対して、その弱腰ぶりを揶揄したものと言う。

だが、幸村が徳川勢の弱腰をなじれば、彼らを挑発することになる。目的はここで徳川勢と戦うことではなく、家康の首を取ることだから、幸村が挑発をするわけはない。

この言葉は真田勢を攻撃しようとはやる徳川勢に対して発せられたもので、真の意味は〝明日を最後の戦いと定め、寡兵ながら徳川の大軍に挑もうとしている大坂方〟を「徳川勢（関東勢）は目先の功名のために攻撃しようとしている。これは男のすることではない」ということだ。

伊達政宗が徳川勢の前進を阻止したのも、幸村の思いが分かったからで、幸村の言葉は〝徳川勢は何万といるのに、その中に伊達政宗殿のような男は一人もいないのか〟ともとれる。

関東勢の意味

政宗は幸村の最後の戦いの目的を理解したのだろう。

〝幸村は内府（家康）の首ひとつを目指している。成就するとは思えないが、どこまでやるか見届けよう〟と考えたと思われる。

もし、幸村の目的が達せられれば、この国は再び乱世となる。それは〝遅れてきた戦国武将〟といわれ、天下統一戦に加われなかったことをなげく政宗にとって、念願のチャンスが訪れることにもなる。(政宗の生年は家康の二十四年後、秀吉の三十年後)。

政宗が自分の娘と家康六男の松平忠輝との婚姻を成立させたのも、一朝ことあれば、忠輝を担いで、風雲を巻き起こそうとの考えが底流にあったからだろう。

幸村が使った「関東勢」との言葉にも意味がある。

このときの攻撃軍の構成は、先陣の水野勝成が秀忠の乳兄弟。政宗とともに第二陣となる本多忠政(忠勝の長男)は徳川譜代で、室は家康長男信康の娘。つづく松平忠明は家康の外孫、松平忠輝は家康の六男と徳川血統軍といってもいい軍勢なのだ。

幸村の「関東勢百万と……男はなく候」の関東勢とは、これらの家康の係累、親族を指したものだ。

伊達政宗の不思議な行動

この戦いで、伊達政宗は真田勢を攻撃しようとする徳川勢を阻止しただけでなく、味方を討つという〝反徳川〟の行動をしている。

政宗は後藤又兵衛勢を壊滅させたとして、戦後に家康から賞されたほどだが、戦いの最中に味方の神保相茂《すけしげ》隊を同士討ちしたのだ。

伊達方は「神保隊が敗走してきたので、〝共崩れ〟を防ぐために銃撃した」と弁明したが、

通説は、神保隊が伊達勢を出し抜いて首を取って戻ってきたので、政宗が頭にきて射殺を命じたと見ている。

とはいえ、それだけの理由で、神保隊三百人を壊滅するまで銃撃したとは思えない。（ほぼ皆殺しだったという）。

この事件も、最終決戦で死に花を咲かせようという幸村ら大坂勢に対して、その気持ちも分かろうとせず、ただ自らの功名のために戦《いくさ》働きをする神保隊を許せなかったので銃撃したと解釈できる。

伊達勢は先鋒の水野勝成から使者がきて再三、真田隊を攻撃するようにと督促されると、それも頭にきたようで、水野の使いを射殺したとの言い伝えもある。

政宗は真田幸村の秘めた目的を理解し、その手助けをしたと思われる。

（伊達の鉄砲隊による神保相茂隊射殺事件は翌五月七日の船場口の戦いだったとする書もある。明石全登勢が松平忠直の越前勢の先鋒を崩したとき、越前勢の後陣の水野隊に加わっていた神保隊が明石隊に攻めかかったのを快く思わず射殺したという。この場合でも、家康を討とうと最後の戦いをする大坂方に対して、いらぬことをするなという行動だったことになる）。

神保相茂は七千石の外様部将で、水野勢に陣借りしていた。徳川の旗本でないから、手柄を立てないと家を保っていけないのだ。

大坂の陣のあと、神保の遺臣が水野や本多正純を通して伊達家に抗議したが、〝神保隊が崩れて逃げてきたので、共崩れを避けるために仕方なく討った〟と繰り返され、それ以上の争いにならなかった。

幕府は相茂の遺児を旗本に取り立てたというから、事実は分かっていたのだろうが、政宗が家康六男の義父のうえ、後藤勢を破って又兵衛の首を上げるという戦果を挙げていたから糾弾《きゅうだん》できなかったのだ。

幸村、最後の戦略——天王寺の戦い

五月七日、幸村に最後のときが来た。

残された軍勢で十五万もの寄せ手を討ち破ることはできない。ならば、家康一人の首を狙うしかない。

幸村は天王寺口を守る毛利勝永、明石全登と策を立てた。この戦いの中で、ともに戦えると信を置いた二人だ。

作戦は、幸村が茶臼山に、勝永は天王寺に陣を敷き、徳川方の大軍を引きつけて時間をかせぐ。徳川の諸隊が戦功をあげようと群がってくる間に、後方の木津に伏せた明石勢が迂回し、手薄になった家康の本陣を突くというものだ。

真田勢と勝永勢は最後の一兵まで陣を守り、徳川勢を引き付ける〝おとり〟の役割だ。

この日、徳川方は秀忠が平野口から、家康は天王寺口からそれぞれ大坂城を目指す陣形を取

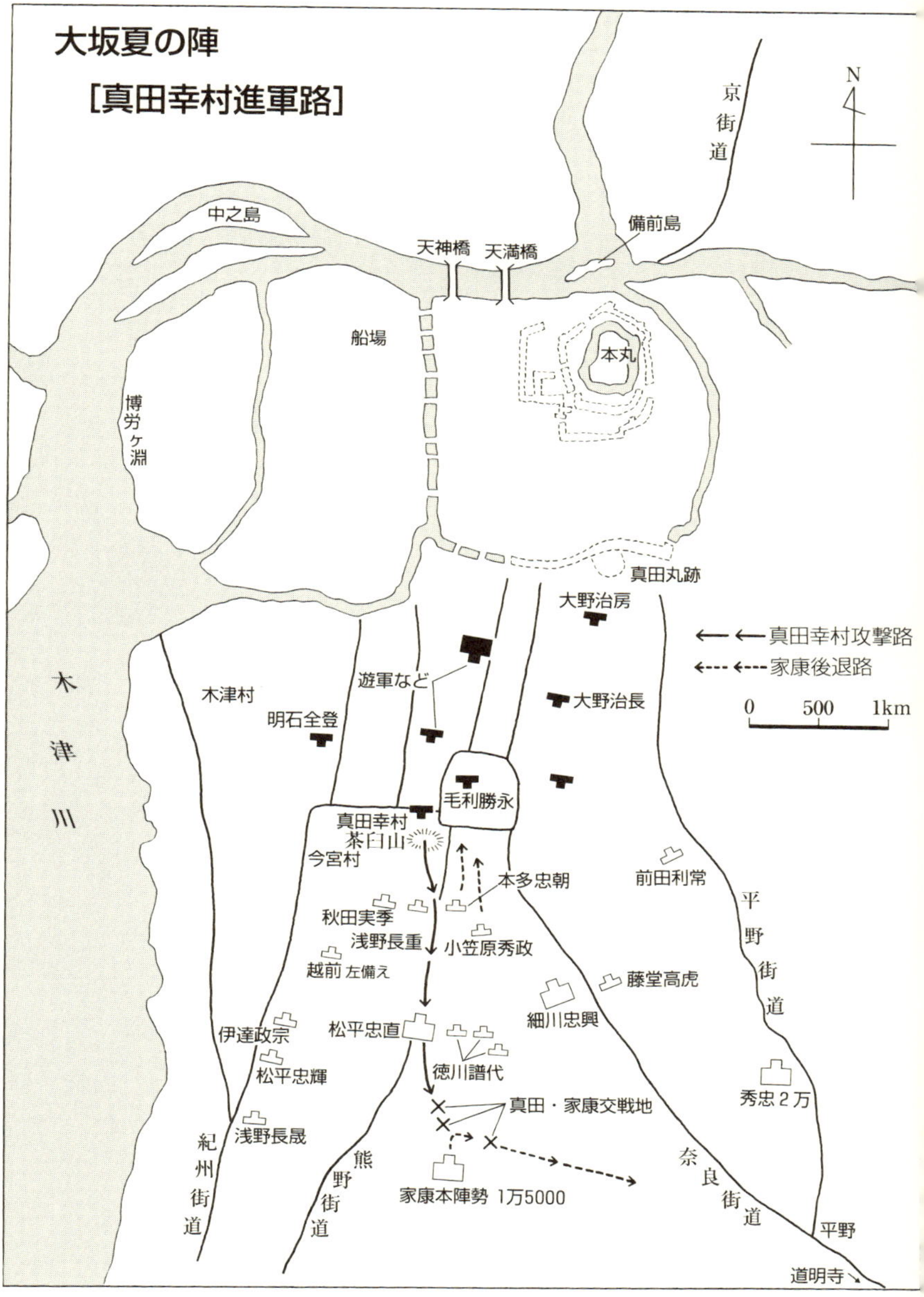

大坂夏の陣
[真田幸村進軍路]
N
京街道
中之島
備前島
天神橋
天満橋
船場
本丸
博労ヶ淵
真田丸跡
大野治房
真田幸村攻撃路
家康後退路
0 500 1km
遊軍など
木津村
明石全登
大野治長
木津川
毛利勝永
真田幸村
茶臼山
今宮村
本多忠朝
前田利常
秋田実季
浅野長重
小笠原秀政
越前 左備え
藤堂高虎
平野街道
細川忠興
伊達政宗
松平忠直
徳川譜代
松平忠輝
真田・家康交戦地
秀忠２万
浅野長晟
紀州街道
熊野街道
奈良街道
家康本陣勢 1万5000
平野
道明寺

った。

家康軍の先鋒は、水野勢が道明寺の激戦で消耗したため後陣となり、浅野長重（長政の三男）、本多忠朝らが務め、すでに茶臼山の南に布陣。二番陣が松平忠直の越前勢と徳川譜代諸将、その後方の安倍野村には家康が一万五千の旗本勢に守られて布陣しようとしていた。

家康本陣左備えの伊達勢は片倉重長を先鋒として、紀州街道をゆっくり天王寺目指して進んでいた。

戦いは正午ごろに始まった。

まず、本多忠朝勢が勝永勢に襲いかかった。勝永は死に物狂いで攻め寄せる本多勢を引き付けると、横槍を入れて陣形を崩し、主将忠朝を討ち取った。

つづいて第二陣の小笠原秀政勢が勝永勢に突きかかった。勝永は小笠原勢の本陣を狙って銃撃し、先頭に立つ主将秀政（重傷、夕刻に死去）、長子忠脩（即死）、次男忠真（重傷）と討ち取り、小笠原隊は指揮官がいなくなり壊滅した。

家康、あせる

この戦いで死んだ本多忠朝と小笠原秀政はともに家康から叱責されており、その恥をそそごうと無茶な攻撃を仕かけたとされる。

忠朝は徳川四天王本多忠勝の次男で、家康お気に入りの荒武者だったという。冬の陣のときに、命じられた持ち場の玉造口の前方が深い沼だったため、城方と戦う機会がないと陣替えを願い出たところ、家康から「親の平八郎に似ぬ出来の悪い息子だ。柄ばかり大きくても役には立たぬ」と叱責され、それを屈辱に思い、討ち死にの覚悟を決めていたと伝わる。（冬の陣で酒を飲みすぎ、城方の攻撃を感知できずに敗退したことを家康に叱責されたともいう）。

小笠原秀政は家康の孫娘を室にしている。前日の若江の戦いで、木村重成勢に対して軍令通りに備えていたところ、木村勢の攻勢で藤堂勢などに損害が出たことについて、家康から臆病者とののしられ、それなら〝次の戦いでは突撃して、死んでご覧に入れよう〟との覚悟だったという。

家康が身内の部将に対して、理不尽と思えるほどに厳しく当たったのは、味方の士気が上がらなかったからだ。

各大名は、取り潰しや減封といった幕府からの後難を怖れて参陣しているだけで、戦果を挙げたところで、加増はないと知っているから、やる気が出ないのは当然だろう。（大坂の陣に勝っても、大坂は幕府が直轄するので、加増は期待できなかった）。

主将の家康としては、味方の士気が上がらないのは困る。そのために、自分の家臣に厳しく当たり〝死を賭して突撃するように〟仕向け、全軍の士気を上げようとした。

本多忠朝や小笠原秀政にとってはいい迷惑だが、そうしなければならないほど、徳川与力の各将の士気は低かったと思われる。

茶臼山

茶臼山の幸村陣には、先を競うように松平忠直勢が攻撃してきた。

忠直も前日の八尾、若江の戦いで、苦戦の藤堂勢を助けなかったとして家康から叱責されていた（忠直は家康の孫、秀忠の娘が室）。

幸村ははやる越前勢を引きつけると長柄（槍）隊を繰り出し、越前勢先陣と槍合戦となったところで、鉄砲隊には後方の忠直の本陣を銃撃させた。忠直があせって前衛部隊との距離を詰めたのを見ての作戦だ。

後方で味方の馬上衆がバタバタと倒れると、越前勢の槍隊は浮き足立って崩れて、本隊の中へ逃げ戻った。これで本隊も混乱し、後退する部隊と忠直の下知で前進しようという部隊が交錯し、越前勢は統一した行動が取れなくなった。

ここまでは、幸村の計画通りだが、明石勢の姿が一向に見えない。

船場から出撃した明石勢は茶臼山の幸村勢を挟撃しようと回りこんだ越前勢左備えと遭遇し、乱戦となっていたのだ。

茶臼山からも、白地に花クルスの明石勢の旗印が越前勢の中に飲み込まれていくのが見えた。五〇〇メートルほど西の今宮村あたりだ。

幸村は決断した。

明石勢と越前勢左備えとの交戦はつづくだろう。時間がたてば、徳川の諸隊が集まって真田勢も囲まれてしまう。ならば、いまは明石勢と毛利勝永勢をおとりにして、家康本陣に突入するしかない。

幸村は勝永に使いを送り、情勢を説明して自身が突撃すると伝えると一気に山を下った。

越前本隊の中を抜けると、徳川直参の本多忠政、酒井家次勢などを蹴散らし、家康本陣を目指した。六文銭の旗印を押し立てた赤備えの一団は炎となって徳川勢の中を進んだ。

だが、一度は真田の突進に道を開けた徳川勢も態勢を立て直すと、後方、側方から討ちかかった。真田隊は見る見るうちに人数を減らした。

このとき、「浅野、寝返り」の声が上がった。

紀州街道沿いに北上する浅野長晟《ながあきら》隊の旗印が遠望されたので、真田の誰かが気転をきかせたのだ。

長晟は紀州三十七万石の当主で、関ヶ原以来、東軍に属しているが、秀吉の相婿長政の次男だから豊臣家との縁は深い。「寝返り」と言われれば、徳川方は疑心暗鬼になる。

これでまた道が開けた。

なおも進んだ真田勢に、家康本陣の旗印が見えた。あと一歩だ。

家康は本陣の先手備え衆を陣前に折り伏させて待ったが、真田勢はそれも突破して本陣に入り、家康の前で斬り合いになった。

家康はこの時、追い詰められて「腹を切る」とまで言い、近臣がその身体をかつぐようにして逃げたと伝わる。

真田勢は逃げる家康本陣勢に三度まで斬り込んだという。

なぜ真田幸村は家康の首を取れなかったのか

大坂の陣では、城方に敵の主将の命を狙う考えがなかったことが、家康に余裕十分な采配を執らせる原因となった。

前述したが、幸村は冬の陣でも、茶臼山の家康を襲う計画をもっていたが、城内諸将が和平に傾く中で、実行できなかった。

豊臣方に家康の命を狙うとの考えが生まれなかったのは〝大坂城内は徳川との講和（話し合い）で戦を終わらせようとの考えが強く〟そのために〝家康を刺激しない。彼自身には手出しをしない〟との考えがあったからだろう。

家康が周到に事を運び、豊臣秀頼に対しての〝殺意〟や豊臣家の根絶の意図を隠蔽したのに大坂方は気づかなかった。

大野治長が最後の戦いの意味を知り、幸村にあと三千の兵を任せていたら、幸村の槍の穂先は家康の胸板に届いていたとも思われる。

幸村と伊達政宗

幸村にとって、大坂方総大将の秀頼が二十三歳になっていたのに、武将としては教育されておらず、まるで公家のように育てられていたのも計算外だったろう。

秀吉五十七歳のときの子で、父親の薫陶を得ていないこと、秀吉が守り役とした前田利家が早世したことも原因だ。

秀頼に人を見る目があり、幸村の意見を聞く耳があれば状況は変わったと思うが、秀頼には一軍の長として配下諸将の能力を見きわめて、その話に耳を傾けるといった行為自体が刷り込まれていなかった。

これでは、幸村がいくら策を立てても、実現はできない。秀頼は関ヶ原以降、ただ飾り人形の役割をしただけで死んでいった。

幸村が家康を追い詰められたのは、伊達政宗との無言の連携があったからと思われる。

二人が直接談合したのでも、書状をやり取りして意思を確認したのでもないが、政宗は幸村の野望を感知し、ひそかにその達成に力を貸したものと思われる。幸村も政宗の満たされぬ心の内は知っていたはずだ。

決戦前日の五月六日夜、真田の使いが数人の女、子どもを伴い、伊達政宗隊先鋒片倉重長の陣をひそかに訪れた。

使者は重長に子息を託したいとの幸村の願いを伝えた。重長はすぐに政宗本陣に使いを走らせて指示を得ると、真田からの客を預かることにした。

女子は阿梅ほか幸村の子、男子は次男の大八だ。徳川に捕らえられれば、斬首か女子はよくて尼とされる。

政宗は彼らを庇護して、のちに阿梅は重長の後室（後添え）となり、幼い大八は片倉守信として藩士となった。

徳川幕府は大八の行方を追い、探索の手が伸びたが、伊達藩は隠し通した。守信は後に伊達家中で仙台真田家を立てた。

この一事は幸村と政宗の間に、同じ〝大事〟を目指したとの連帯感があったことの証左となる。

家康が逃げたもう一つの理由

夏の陣で家康が真田隊に追いまくられたことについては、『薩藩旧記雑録』に「五月七日に御所様の御陣へ、真田左衛門佐かかり候て、御陣衆を追いちらし討ち捕り申し候。御陣衆、三里ほどづゝにげ（逃げ）候衆は、皆々いきのこられ候。三度目にさなだ（真田）もうち（討）死にて候。真田日本一の兵《つわもの》、いにしえよりの物語にもこれなき由、惣別これのみ申す事に候」（家康本陣に三度まで突入した真田幸村は日本一の武士だ。歴史上にもこれほどまで戦った例はない。とくにこのことを記しておきたい）とあり、『三河物語』には「三方ヶ原にて一度御旗の崩れ申すより外、あとさきの陣にも、御旗の崩れ申す事なし」（家康本陣を示す旗印が倒れたのは武田信玄に大敗した三方ヶ原合戦のとき以来だの意）と書かれている（ともに二木謙一著、中公新書『大坂の陣』による）。

『薩藩旧記雑録』は薩摩藩の文書や家臣の書状などをまとめたもの。『三河物語』は家康の旗本で槍奉行をしていた大久保彦左衛門忠教の書き置きだが、いずれも〝真田隊の攻撃によって、家康の本陣勢までが逃げた〟と、真田隊の奮戦を称賛している。

だが、家康側近の旗本部将や馬廻りが真田勢を支えきれずに崩れたとなれば、重大な責任問題なのに、陣のあとで彼らが責任を問われた形跡はない。

すると、家康が逃げたのは戦術的な後退だったとも思われる。

家康は徳川勢の中を突進する真田勢を見て、味方の中に真田に同調する者（裏切りや真田の通過を黙認している者）がいるのではないかと疑った。

それに、真田勢だけなら突進してきても、家康本陣勢一万五千で支えることができるが、天王寺方面軍の左翼には伊達政宗勢一万、その後ろに浅野長晟勢五千がいる。彼らに横槍を入れられたら、本陣勢だけでは支え切れない。（伊達や浅野勢は情勢次第で裏切る可能性があると疑心暗鬼になった）。

そう考えて家康は乱戦の場から離脱しようと、本陣を後退させたのだ。

ところが、家康の見方以上に真田勢の攻勢は急だった。一万五千が陣形を変えているうちに、真田の精鋭が手薄になった本陣脇備えの間を抜けて家康に迫った。

家康は自らの判断が遅れたことをくやみながら逃げただろう。

家康が伊達、浅野勢を意識していたのは、本陣の後退方向を見ると分かる。

伊達、浅野勢は紀州街道を北進していたが、家康がそのまま後退すると阿倍野街道（熊野道）沿いに南下することになる。両道は並行しているから、伊達勢などには〝真田に追われて逃げる〟家康本陣の横腹をさらすことになる。

それでは、どうぞ攻撃して下さいと言っているようなものだ。このため、家康はそのまま南下せず、畑中の道を通って東に向かい平野を目指した。

平野に行けば、秀忠軍と合流できるからだが、この判断が真田勢を引き離すことができず、三度までも本陣に迫られる原因となった。

真田幸村は「江戸時代」から、知将、猛将の物語として語られてきた。

江戸時代という武士の時代は何百万人もの血の代償として生まれた。

武士が戦場で流す血は必然としても、それが謀略や裏切りという汚れた手段や無辜《むこ》の民を殺略したことで流されたとすれば、偃武《えんぶ》（武器を使わない。江戸幕府は大坂の陣後に年号を元和《げんな》と改め、偃武を宣言した）の世にも、生臭い血の臭いは残る。

その戦国の異臭を消し去るために、「江戸」という新しい武士の時代には、たとえ敵将だとしても〝武士の道に殉じた天才軍略家幸村〟の活躍という芳しい香りが必要だったと思われる。

おわりに

大坂夏の陣が終わると、江戸幕府は年号を慶長から元和《げんな》に改めた。元は〝はじめ〟で、和は〝争わないで仲良くすること〟だから、「争いのない世のはじまり」との意味だ。

自分で無理やり大坂の陣を起こしたのに、戦いに勝つと、今後は戦《いくさ》をしてはならないとしたのだ。

徳川政権の悠久を願ってのことだが、幕府は夏の陣後に落武者狩りを命じ、女子供を含めた一般人と合わせて数万人を殺略したというから、元和の年号には違和感が残る。

だが、応仁の乱から大坂冬、夏の陣まで百五十年もの間、日本各地には大きな戦いが頻発したから、〝元和〟は戦乱で疲弊した人々には受け入れられたようで、日本はそれから二百五十年あまり、（島原の乱を除くと）大規模な戦乱がないままにすぎた。

ところが、一八六四年に起きた蛤御門《はまぐりごもん》の変や第一次長州征伐あたりから〝和〟は怪しくなり、近代史の研究者によると、それ以降、日本は十年に一度の頻度で戦争をしたという。

たしかに、このあと戊辰戦争、西南戦争、日清・日露戦争、第一次世界大戦、満州事変、上海事変、日華事変、ノモンハン事件、第二次世界大戦、太平洋戦争と戦争が連続している。

日本が戦争の時代へ進み始めた時期、歴史家などによって、かつての戦国の戦いが研究され、〝戦いは戦術を間違わなければ勝てる〟とか〝有能な指揮官がいれば寡兵でも数倍の敵を破ることができる〟と喧伝《けんでん》され、それは近代戦にも適応されるとされた。（参謀本部も『日本戦史』を編纂して出版した。桶狭間、長篠、関ヶ原など戦国末期の戦いが多い。戦争意欲を高めるにはこの時期の戦いが効果的ということか）。

戦史では、勝ちさえすれば個々の兵の消耗（人命の）が問題にされるケースは少ないので、人々を過酷な戦争へ向かわせる手助けをしたようにも思われる。

いま、日本は戦後七十年にわたって〝戦争のない時代〟を過ごしているが、過去の戦乱を恣意的に解釈して、戦争に負けたのは作戦が失敗したからとか、有能な参謀がいれば負けることはなかったなどと戦争が総括されることがある。

（戦う双方ともに作戦を立てるから、勝敗がつけば、一方の作戦は失敗だったことになる。引き分けも勝ちではないから、作戦成功率が五割を超えることはない。参謀についても、戦国時代の一万ほどの軍勢なら一人の有能な参謀がいれば勝てるだろうが、太平洋戦争時のように数百万もの軍隊となると、数百人もの有能な参謀がいるとは思えない）。

戦争の痛み、悲惨さを忘れると、再び戦乱の時代に足を踏み入れそうだし、戦国時代の合戦の分析も武将を天才戦略家とか新戦術の発見者として賛美するだけだと、戦争の過酷さから目をそらすことになるだろう。

『戦国合戦　通説を覆す』がこれまでの戦国史観をほんの少しでも変えられればと考えている。

二〇一五年一月

工藤健策《くどうけんさく》

参考文献

『信長公記』太田牛一著　奥野高広、岩沢愿彦《よし》校注　角川ソフィア文庫
『信長公記　原本現代訳』太田牛一原著　榊山潤他訳　教育社
『戦国10大合戦の謎』小和田哲男　ＰＨＰ文庫
『復元ドキュメント　戦国の城』藤井尚夫　河出書房新社
『鉄砲隊と騎馬軍団』鈴木眞哉　洋泉社新書
『戦国15大合戦の真相』鈴木眞哉　平凡社新書
『戦国合戦15のウラ物語』河合敦　ＰＨＰ新書
『現代語訳徳川実紀　家康公伝1　関ヶ原の勝利』大石学、佐藤宏之他編　吉川弘文館
『秀吉の城』西ヶ谷恭弘責任編集　世界文化社
『武田軍記』小林計一郎　朝日文庫
『関ヶ原合戦』二木謙一　中公新書
『大坂の陣』二木謙一　中公新書
「真説歴史の道　徳川家康①」小学館ウィークリーブック
「真説歴史の道　豊臣秀吉①」小学館ウィークリーブック
「真説歴史の道　豊臣秀吉②」小学館ウィークリーブック

「真説歴史の道　上杉謙信①」小学館ウィークリーブック
「歴史読本　書き換えられた戦国合戦の謎　07年8月号」新人物往来社
「戦国合戦イラスト&マップ集」学研パブリッシング
「日本の合戦①　織田信長と桶狭間の戦い」講談社
「日本の合戦②　徳川家康・石田三成と関ヶ原の戦い」講談社
「日本の合戦⑤　真田幸村と大坂冬の陣」講談社
「再現日本史　関ヶ原の死闘八時間」講談社
「歴史群像42（三方ヶ原合戦）」学習研究社
「歴史群像50（長篠合戦の戦略）」学習研究社
「歴史群像63（川中島合戦）」学習研究社
「歴史群像87（再考桶狭間合戦）」学習研究社
「歴史群像１０５（作戦研究関ヶ原合戦）」学習研究社
「歴史群像１１６（史伝武田勝頼）」学習研究社
「歴史群像１２０（徳川三河守家康）」学習研究社
「歴史群像シリーズ40　大坂の陣」学習研究社
「歴史人　２０１２年2月号　戦国十大合戦の謎」ＫＫベストセラーズ
「歴史人　２０１４年8月号　戦国合戦の謎と真相」ＫＫベストセラーズ……他

地図作成・小笠原諭

著者略歴――――
工藤健策 くどう・けんさく

横浜生まれ。明治大学卒業。ラジオ局に入社後、アナウンサー、ディレクターとして野球、ラグビー、サッカー等を取材。1989年度日本経済新聞・テレビ東京共催ビジネスストーリー大賞受賞。1992年度NHK「演芸台本コンクール」佳作入賞。2012年度東京千代田区主催ちよだ文学賞受賞。著書に『信長は本当に天才だったのか』『プロ野球　誤審の真相』『プロ野球　球団フロントの戦い』『プロ野球　最高の投手は誰か』(以上、草思社)、『Jリーグ崩壊』(総合法令出版)、『小説安土城炎上』(ＰＨＰ文庫) など多数。

戦国合戦　通説を覆す

2015年2月26日　第1刷発行

著　者　工藤健策
装幀者　清水良洋（Malpu Design）
発行者　藤田　博
発行所　株式会社 草思社
〒160-0022　東京都新宿区新宿5-3-15
電話　営業 03(4580)7676　編集 03(4580)7680
振替　00170-9-23552

本文印刷　株式会社三陽社
付物印刷　日経印刷株式会社
製本所　株式会社坂田製本

ISBN978-4-7942-2111-7　Printed in Japan　検印省略

草思社刊

信長は本当に天才だったのか

工藤健策 著

世紀の天才か、小心の俗物か。桶狭間の「奇襲」も、長篠の「三段打ち」も、後世につくられた伝説だった。これまでの信長像を一新。

本体 1,600円

プロ野球 最高の投手は誰か
名投手列伝

工藤健策 著

田中将大や大谷翔平など、いまにわかに日本人投手に注目が集まっている。では過去現在、真にNo.1のピッチャーは誰か。25人の列伝。

本体 1,600円

プロ野球 球団フロントの戦い

工藤健策 著

12球団のフロントキーマンたちの手法を紹介し、そのチーム強化ビジョンの可否を考察する。チームを陰で動かす〈仕掛け人〉たち。

本体 1,400円

犬たちの明治維新
ポチの誕生

仁科邦男 著

松陰の米国密航を阻んだ横浜の村犬、ペリー艦隊に乗船し米国に渡った狆、犬連れ西郷の西南戦争…まったく新しい明治維新像を描く。

本体 1,600円

＊定価は本体価格に消費税を加えた金額です。